禅心与箭术

过松弛而有力的生活

［德］奥根·赫立格尔 著

胡慧萱 译

贵州出版集团
贵州人民出版社

图书在版编目（CIP）数据

禅心与箭术：过松弛而有力的生活／（德）奥根·赫立格尔著；胡慧萱译. -- 贵阳：贵州人民出版社，2024.8. -- ISBN 978-7-221-18464-1

Ⅰ.B946.5-49

中国国家版本馆CIP数据核字第2024V8K804号

禅心与箭术：过松弛而有力的生活

CHANXIN YU JIANSHU: GUO SONGCHI ER YOULI DE SHENGHUO

[德] 奥根·赫立格尔／著　胡慧萱／译

出 版 人	朱文迅
责任编辑	梁　丹
出版发行	贵州出版集团　贵州人民出版社
地　　址	贵阳市观山湖区中天会展城会展东路SOHO公寓A座
印　　刷	三河市中晟雅豪印务有限公司
版　　次	2024年8月第1版
印　　次	2024年8月第1次印刷
开　　本	787毫米×1092毫米　1/32
印　　张	5
字　　数	49千字
书　　号	ISBN 978-7-221-18464-1
定　　价	59.00元

如发现图书印装质量问题，请与印刷厂联系调换；版权所有，翻版必究；未经许可，不得转载。

序：无艺之艺

铃木大拙[1]

[1]铃木大拙：日本著名禅学研究者、思想家。曾翻译并出版多部禅宗经典，著述宏富。（以下没有特别标注的均为译者注）

在日本及其他远东国家，修习箭术或其他艺术并非为了某种现实的功用，也不是为了纯粹的审美愉悦，而是为了训练心智，使其触及终极的现实。因此，练习箭术不为射中靶心，挥剑不为击倒对手，舞者也不只是为了有节奏地摆动身体，这一切都是为了协调意识与潜意识。

要成为真正的箭术大师,仅有技术性的知识是不够的。他必须拥有超越技术的,从潜意识中生发出来的"无艺之艺"。

就箭术而言,射手与目标不再是两个对立的事物,而是一个整体。射手不应将自己作为一个要射中对面箭靶的人。然而这种无念的境界只可能在他全然虚空、放下自我时才能达到,他需谙熟技巧并与其完美合一。

这完全不同于精进箭术过程中可以达成的其他方面的进步,这属于一种非同寻常的境界,被称为"开悟"。它是一种直觉,但与通常意义上的直觉不同,我愿称其为"般若[1]直觉"(prajna-Intuition)。般若是"超越的智慧"。但即便如此也不能诠释"般若"一词所涵盖的微妙之处,因为般若是一

[1] 般若:宗教术语,出自印度瑜伽,意为辨识智慧,专指如实认知一切事物和万物本源的智慧。

种可以立刻掌握事物整体性与个体性的直觉。无须冥想即可体会到"零即是无穷,无穷即是零"。这并不是符号或数学意义上的概念,而是一种直接的感受和体验。

因此,从心理学的角度来讲,开悟[1]是一种超越自我界限的境界;从逻辑学的角度来讲,它是对肯定与否定之综合的洞察;从形而上学的角度来讲,它是对"存在即成为、成为即存在"的直观认知。

禅与其他所有宗教、哲学或神秘学的教义之间最显著的区别在于,它从未隐没于我们的日常生活中。虽然它实用且具体,但它包含着某种超脱于世俗污秽和混乱不安的能量。

在此,我们来谈谈禅与射箭以及其他艺

[1] 悟:在佛教中与"迷"相对,是佛教徒的修行目的,指依佛陀所教导的真理修行而有所体会见地,获得"体验性的智慧"。

术，诸如剑道、花道、茶道、舞蹈和绘画等之间的关系。

正如马祖禅师[1]所说，禅是"平常心"。"平常心"不过就是"累了就睡，饿了就吃"。一旦我们开始思考、琢磨、构建意义，那么原本潜意识的惯性就会隐去，思考开始浮现。我们吃饭不再是真正的吃饭，睡觉也不再是真正的睡觉。箭虽已射出，却不再是直奔箭靶，而箭靶也并非立在原地。人类是思考的动物，但是人类的伟大成就往往是在"不思量"的状态下达成的。人必须通过经年累月的忘我修行才能达到"童稚"的状态。在这种状态中，人们不思考地思考着。他的思考像从空中滴落的雨，像海上的波涛，像闪耀夜空的星辰，像在春风中摇曳的绿叶。的确，

[1] 马祖禅师：唐朝佛教禅宗大师，六祖惠能之再传弟子，师承南岳怀让禅师门下，为洪州宗开创者，唐宪宗元和年间赐谥号"大寂禅师"。

他就是雨、波涛、星辰和绿叶本身。

当一个人达到如此的精神境界时,他就已然是一位生活的禅学大师了。他不像画家那样需要画布、画笔和颜料,不像射手那样需要弓箭、箭靶和其他装备。他拥有自己的四肢、身体、头和其他部分,他的禅意人生正是通过这些重要的外化"工具"来实现的。他的手和脚就是画笔,整个宇宙便是画布,他在上面描绘人生的七十年、八十年、九十年。这幅画就叫作"历史"。

五祖山的法演禅师[1]说:"将四大海水为一枚砚,须弥山[2]作一管笔,有人向虚空里写'祖师西来意'[3]五字。太平下座,大展坐具[4],礼拜为师。"

有人会问,这段奇怪的话是什么意思?

[1]法演禅师:绵州巴西(今四川省绵阳市)人,俗姓邓,是北宋禅宗临济宗杨岐禅派第三代高僧,公案禅(看话禅)的集大成者,有语录四卷行世。

[2]须弥山:为佛教、耆那教、印度教宇宙论中最高的神山,日月之所回泊,印度众神的居所。

[3]祖师西来意:这五个字的字面意思是"祖师自西而来的原因"。这个主题构成了禅的内涵,一旦理解了这一点,禅就是自身。——原注

[4]坐具:禅师携带的物品。禅师在向佛祖或师父顶礼时会将其在身前摊开。——原注

为什么一个人能做到这些就值得被顶礼膜拜呢？也许一位禅师会这样回答："我饿了就吃，困了就睡。"然而，读者关于射手的问题还是没有得到解答。在这部精妙的书中，赫立格尔教授——这位去过日本的德国哲学家——借由修习射箭来理解禅，生动地描述了他的个人经验。西方的读者可以通过他的表达找到一种相对熟悉的方式，来面对那陌生且时常无法接近的东方经验。

美国马萨诸塞州伊普斯维奇

1953 年 5 月

目录

禅之路　_001

　由艺入禅　_016

　一切都在呼吸间　_023

让结果自然发生　_035

　　心流：当下的正念　_048

　以心传心　_060

无为而为　_073

　无靶之箭　_087

　弓道自在人心　_102

禅与剑道　_108

附 录
禅与日本表演艺术 _130

禅画 _135

禅与生活 _144

禅之路

无论人们对"禅"了解多少,乍看之下,将其与射箭这类事情联系在一起,多少都是对禅的大不敬。退一步来讲,即便我们都认同射箭是一门优雅的"艺术",但若抛开其运动的本质而去探究其背后的深意,这对大众来说还是一种相对陌生的认知。不过人们倒是可以借此了解日本技艺传承的宝贵成果,他们使用弓与箭的历史由来已久,且从未中断过。在远东地区，现代武器取代古老的兵器不过才短短几代人的时间，然而弓箭并未被废弃，反而声名远播，被发扬光大起来。由此说来，读者期待看到的或许是射箭在今时之日本何以发展成一项民族运动。然而，从传统意义上讲，日本人将射箭尊崇为艺术、文化遗产和宗教仪式，而非运动。从射箭的"艺术性"这个角度来诠释，日本人并不认为这种能力是可以通过身体的锻炼就能或多或少掌握的。射箭的本质是对心智的修炼，赛场只存在于心中，射手瞄准的是自己，也许射中的也是自己。

这听起来可谓玄之又玄。为什么曾经在搏斗中攸关生死的箭术现在甚至连运动都算不上，反而成了一种精神修炼？既然如此，那么弓、箭和靶又有何用呢？难道是人们抹去了箭术这门古老艺术中阳刚的、明确的内涵，取而代之的是某种含混的甚至是虚无缥缈的概念？

自弓箭不再用于暴力斗争以后，它特有的艺术精神才得以更加纯粹地展露出来，但我们要知道，这种精神与弓箭之间的联结早已有之，并非近来才体现在箭术中的。射箭这门传统艺术在战场上的失势，也并不意味着其已沦为人们打发时间的消遣，变得无足轻重。

对于箭术"大道"[1]（Große Lehre）的诠释存在着不同的说法。按照"大道"的说法，箭术与以往一样，依然是攸关生死的大事，但却是射手与自己的博弈；这种博弈不

[1] 大道：大日本射道教，由箭术大师，也是本书作者的箭术师父阿波研造创立，意为"射箭大道之教义"，此处简称为"大道"。

是真实战斗的戏仿，而是向外出击、与有形的对手战斗的根基。正是这种射手与自己的对抗，揭示了这门艺术的隐秘本质，即使放弃了以往武士决斗中所要求的实战性，也不会对其内核有丝毫影响。

如今投身于这门艺术的人，无可否认地都能从箭术的历史沿革中受益。倘若箭术与从前一样，那领悟箭道几乎是不可能实现的。现在，人们对"大道"的理解不会再被现实的得失心所遮蔽。从古至今的箭术大师都认同这样一个道理，那就是只有心地纯净、心无旁骛的人才能"得道"。

在这里，人们也许会问，日本的箭术大师究竟是如何看待这种射手与自己的博弈的？答案听起来十分玄奥。因为博弈存在于内心：射手瞄准自己，却也没有瞄准自己；射手射中自己，却也没有射中自己。射手因此同为瞄准者和目标，同为射箭者和中箭者。或者，我们换用更符合箭术大师心意的说法：射手需要克服自我，修得不动心，从那之后便会抵达终极的境界——艺亦无艺，无弓无矢，射亦非射，师亦徒，圣亦小生，终点即是起点，起点则归于圆满。

对于这些神秘的道理，东方人早已十分熟悉，但西方人则充满困惑，只能继续深入以探求答案。西方人也已经发现，很多日本艺术的气质、内核最终都能追溯到一个相同的来源——佛教。这种气质、内核在箭术、水墨画、戏剧、茶道、花道、剑道上都有体现。它们都预设了一种精神境界，并按照各自的方式来刻意训练，以达到此种境界。这种境界的最高形式就带有佛教的特质，从这个角度来看，艺术家在本质上类似于僧侣。

当然，我在这里讨论的并不是一般意义上的佛教，也不是那些在欧洲范围内所能获取到的佛教典籍中的理论概念，我所说的是佛教中的"禅那"（Dhyana），在日本被称为"禅"（Zen），它并非抽象的理论学说，而是一种对"当下"的直接体验。这种"当下"无法通过理性思考来把握，也不能依据已有的具体体验来加以阐释。人们通过"不知"来获得"新知"。为了获得这些重要的体验，禅宗发展出了数条路径，那就是通过系统的冥想和禅定训练来潜入灵魂深处的无名无识之地，并与之合而为一。当我们以容易产生误导的语言谈及箭术时就会发现：箭术因与神秘的灵性修炼结合而成为一门艺术。二者恰当结合，箭术便作为"无艺之艺"而自我完满。因此在任何情况下，射箭都不是为了通过弓与箭达到某种外在的目的，而是为了向内求索。弓与箭不过是一种通往目标的媒介，没有弓与箭也可悟道，它本身不是目的，只是实现最终决定性一跃的助力罢了。

鉴于此，最理想的莫过于通过禅师的开示来加深理解。事实上，这样的开示已有很多。例如，铃木大拙在其著作《铃木大拙禅论集》中揭示：日本文化与禅有着千丝万缕的联系，许多日本文化，如武士道精神、道德、审美，甚至连智识的发展都是以禅学为底色的。如果不熟悉禅，就无法真正理解这一点。

人们通常认为，禅那佛教发源于印度，经过巨大转变后，在中国臻于成熟，最终被日本吸收，并且融入日常生活中，成为一种传统。禅以不可思议的方式揭示着人类的生存之道，无论怎样评价禅的洞察力都不为过。

尽管禅学家们做出了诸多努力，但不可否认的是，迄今为止，我们欧洲人对禅的本质依然知之甚少。在对禅的深入探索中似乎存在着某种阻力，仅仅前进几步，直觉的感受力就遇到了难以逾越的障碍。禅被包裹在重重黑暗之中，东方的精神世界把它蕴化成了一个参不透的谜，它拥有无法解释却又难以抗拒的吸引力。

这种求而不得的痛苦在某种程度上归咎

于我们对禅惯用的叙述方式。明智的人不会要求禅师去讲述那些使自己超脱、改变的体验,也不会要求禅师去描述自己以生活印证过的不可言说的"真相"。从这个层面来说,禅宗类似于一种纯粹的沉浸式神秘主义。除非我们亲身参与到其中去,否则无论如何都只能站在禅的门外徘徊,不得要领。所有的神秘主义都遵循这一法则,没有例外。虽然现世留存了大量的禅学经典书籍,但这并不构成矛盾。这些经典书籍只向那些已经获得了决定性体验的人打开大门,向他们展示禅宗灵魂的真义,人们或许可以从这些经典书籍中印证那些既有的或是独属于自己的体悟。相反,那些没有迈进门槛的人,不仅无法领悟书中字里行间的含义,还会无可避免地陷入无望的精神怀疑中,即便他们如履薄冰,全身心投入也无济于事。禅和所有的神秘主义一样,只有那些本身就已进入神秘的人才能抵达其核心,而且并不能通过取巧的方式在神秘体验之外获取。

然而,一个被禅改变过、被"真理之火"淬炼过的人,他的存在本身就具有强大的说服力,令人无法忽视。因此,当一个人在心灵的谕示与驱动下,渴求通往这种无名但能创造奇迹的力量时,会期待禅师至少描述一下抵达目标的方法。这个要求并不过分,但若仅仅是出于好奇则毫无意义。在达成自我圆满这件事上,没有一个神秘主义者或是禅师能够一蹴而就。他要跨越多少,牺牲多少,才能悟道!他还要多少次为不可能的事情努力，被孤立无援的感受折磨！不过终有一日，这些不可能之事会成为可能，甚至成为自然。那么，难道我们真的没有希望听到关于对这段漫长而又艰辛的道路的描述吗？至少我们还能问问自己：是否要开始这段旅途？

在讲禅的典籍中，对于修习路径和阶段的描述几乎是一片空白。一方面，禅师往往非常抵触直接给出一种实现理想生活的指导方法。因为他清楚，如果没有经验丰富的导师悉心引导，没有师父的扶持，没有人能圆满地完成这样的修炼。另一方面，同样关键的一点是，只要他的体验、克服的障碍和发生的转变还是"他的"，那么他就依然要克服新的挑战，迎接新的改变，直至所有属于"他的"都被清空归零。只有这样，体验才有了基础,"包罗万象的真理"才能将他从日常的个人生活中唤醒。他依然活着,但他已不再是从前的自己了。

说到这里,我们大概就能理解为什么禅师对他们自己和他们的成长历程绝口不提了。这并不是因为谈论这些太过狂妄或啰唆,而是因为这种做法是对禅的背叛,即便是对禅本身谈谈想法,他们也要思量再三。在他们的面前始终立着一桩公案作为警醒:曾经有人问一位伟大的禅师"什么是禅",禅师岿然不动,仿佛根本没听到这个问题。如此一来,还有哪位禅师敢尝试去阐明这个连伟大的禅师都放在一边、毫不在意的问题呢?

在这样的情况下,如果我继续用这种谜题般的话语、言之无物的词句来打发各位,那就太不负责任了。我的初衷就是要说明，禅是如何影响一门艺术并赋予其禅意的。我在这里的"说明"自然不是禅宗里所说的"顿悟"，但是它至少可以让我们看到那无法穿透的浓雾背后究竟隐藏着什么，就像是远

《祖师图》，[日本] 狩野元信绘

处的光亮预示着接踵而至的闪电。从这个角度来理解，箭术就是学禅之前的"预科"，它能让人们通过一种身体力行的运动来参悟那些仅凭自身无法获得的体验。

客观来讲，我之前提及的任何一门艺术都有可能搭建出通往禅的道路。

不过于我而言，描述一个箭术学生的必修课程，就是达成我的目标最行之有效的方法。更具体一点来说，我想要尝试通过这堂长达六年的课程来说明禅的道理，这是我在日本师从一名箭术大师期间收获的智慧。我的亲身经历让我得以开始这个尝试。但即便是"预科"也足够令人费解，为了让这份"说明"更加清晰、易懂，我别无他法，只能把那些在我参透"大道"精神之前跨越过的障碍、解决过的困难回忆起来,并原原本本地讲出来。我只能讲述自己的故事,因为没有其他的方法能达成我所设定的目标。也是出于同样的原因,我将会聚焦对禅本质的讲述,这样可以让主题更加清晰。我有意避免描述教学的环境,避免唤醒深藏于我记忆中的情景,最重要的是,避免描述大师的形象——无论这一切多么有吸引力。我会始终围绕着箭术来阐释,不过在我看来,讲述它是比学习它更难的事;我的叙述必须明晰、透彻,直至引导人们看到遥远的地平线,而那背后则是充盈着禅意的世界。

由艺入禅

我需要解释一下我为什么学禅,又为何以此为目的学习箭术。

当我还是学生的时候,我在一种莫名冲动的驱使下开始接触玄学,尽管在当时的风气下,人们对这类事情兴趣不大。虽然做了诸多努力,但是我愈发意识到一件事:也许只有求助于外部事物才能理解有关玄学的文字,我只知道在神秘主义原始现象的四周兜兜转转，却始终无法跨越那道边界，它像是环绕着终极秘密的高墙。即使在浩如烟海的玄学典籍里，我也没有找到我想要了解的东西，我开始失落、气馁，我意识到，只有真正超然的人才能明白什么是"超然"（Abgeschiedenheit）；只有冥思的人进入全然空寂无我的境界时，才有可能与"超然之体"合而为一。我终于意识到，通往玄学的路径有且只有一条，那就是用自己的体验去感悟，若非如此，一切言语都是空谈。但是怎样才能进入真正的超然状态而不只是沦于空想呢？与大师相隔几个世纪且成长环境完全不同的现代人还有可能找到那条路吗？虽然我已知晓了通往目标途中会经历的各个阶段和站点，但是那个能让我满意的答案依然无迹可寻。想要找到答案,我还缺少一套可以在一定程度上取代老师的具体的方法。可即便有这样的方法也不够,它充其量只能指引人们进入准备状态,来接收那些即便是最好的方法也无法提供的东西,人的任何计划和安排或许都无法带来神秘的体验。我上下求索,却依然只能站在紧锁的门外叩门,不愿离去。我的渴望还在,当这种渴望变成倦怠时,我又会渴望一颗渴望的心。

当我被问到是否有意愿去东北大学[1]教授哲学史时(当时我已经是一名大学讲师),我愉快地接受了,因为这样我就有机会去了解日本这个国家及其人民,从而打开局面,与佛教以及神秘的沉浸实践建立联系。我听

[1] 东北大学:成立于1907年,原名仙台医科大学,1947年10月改制为东北大学。作者于1924年至1929年在此任教。

说，在日本有一种被小心守护的传统和鲜活的禅宗修行，这门艺术的传授历经百年的考验，最重要的是，那里的禅师在引导灵魂的艺术上极富经验。

在新环境中站稳脚跟以后，我便开始设法实现我最关切的事，但一开始就吃了闭门羹。他们告诉我，从来没有一个欧洲人认真地研究过禅，因为禅的传习本身就极力摒弃"教学"的痕迹，因此我也不必希望在理论方面能得到什么满足。我费了许多工夫才勉强解释清楚自己究竟为什么想要转向非理论的禅宗。我又被告知，除非先学习一门与禅有关的日本艺术，否则一个欧洲人是没有希望深入东亚人的精神生活这一领域的，因为这一领域对我们来说可能是完全陌生的。

学习禅要先读完"预科"的说法并没有把我吓退。我已经做好一切准备，只要有机会接近禅，再崎岖的道路我也会一往无前。那么，在众多符合这个目标的艺术门类里，我该选择哪一个呢？我的妻子没有过多犹豫就决定学习花道和水墨画，而射箭对我来说更有吸引力，我自认为我以往的步枪和手枪射击经验会对射箭有所帮助，但后来事实证明，这个想法大错特错。

我的一个同事——法学教授小町谷宗三——在二十年前就开始修习箭术，在这所大学里他是最了解这门艺术的人。我请求他把他的老师——著名的箭术大师阿波研造介绍给我，让我拜到其门下。刚开始，这位大师拒绝了我的请求，曾经他也被说服去教导一个外国人，但是那段经历非常糟糕，他不愿意重蹈覆辙，让学生背负上这门艺术特殊的精神包袱。我表明态度，如果说一位大师能如此严谨地对待一件事，那么他完全可以将我当成他最小的徒弟来对待，因为我学习箭术不是为了消遣，而是为了大道，他最终答应收我为徒，也接受了我的妻子。因为在日本，女子学习箭术早已司空见惯，而且大师的妻子和两个女儿也都在勤奋修习箭术。

　　严谨又严格的教学就这样开始了，在此期间小町谷先生一直不遗余力地为我们请求，几乎成了我们的担保人，同时还担任起了翻译员的角色。与此同时，我还有机会作为旁听生参加我妻子的花道和水墨画课程，通过来回地比较和补充，我得以更全面地了解它的基础。

《香远溢清》，[日本]富冈铁斋绘

一切都在呼吸间

从第一节课开始,我们就知道学习这门"无艺之艺"的道路异常艰辛。师父首先向我们展示了一些日本弓,并解释其出色的弹性来源于独特的结构和制作材料,这些弓通常由竹子制成。师父希望我们更加注意这把长约两米的弓被拉开时高贵的形态,弓弦拉得越满,它的形态就越是惊人。师父继续解释说:"当弓拉满时,'一切'就都蕴含其中了，因此学会正确拉弓非常关键。"随后，他拿起自己最好的弓，用极其庄严的姿态回弹了好几次紧绷的弓弦。弓弦随即发出了一阵声响，这声音里既有尖锐的弹拨音，又有低沉的嗡鸣，听过几次后就让人难以忘记；它是如此奇特，如此扣人心弦。自古以来，弓就被认为拥有驱散邪灵的神秘力量，我知道，这个意象已经深深根植于日本民众的心中。在这一象征着净化和庄严的开弓仪式之后，师父要求我们仔细观察。他搭上箭，把弓拉满，就在我已经开始担心它无法负荷那包含"一切"的张力时，箭射了出去。这一切看上去不仅优雅，而且行云流水、毫不费力。这时候，师父指导我们："请诸位就像我这样做，但请注意，射箭不是为了强健肌肉，在拉弓时不要用上全身的力气，只用两只手发力，同时，手臂和肩膀的肌肉要保持放松，就像它们并不参与拉弓的动作一样。只有做到这一点，才满足了将拉弓与射箭'精神化'的条件之一。"说罢，师父便握着我的手，引导我慢慢地体会整套动作的不同阶段，让我熟悉这种射箭的感觉。

在我第一次尝试使用中等强度的弓练习时，我就意识到我必须使出全身力气才能拉开它。此外，日本的弓与欧洲射箭运动使用的弓不同：后者是举在与肩同高的位置，可以把身体抵在弓上；日本的弓则相反，一旦搭上箭，射手就会把几近伸平的手臂抬高，将手举过头顶。因此，射手所能做的就是将弓向左右两个方向拉开，两边的距离越远，

《北斎漫画》(局部),[日本]葛饰北斋绘

双手也跟着越放越低,直到持弓的左手伸展开,停在与眼睛齐平的位置,拉弓弦的右臂和右手则相反,手肘弯曲,略高于右肩关节处,将近一米长的箭的尖端只会略微超出弓的边缘一点——弓拉开后的幅度就是如此之大。在放箭之前,射手需要以这样的姿势保持一段时间。这种不同寻常的拉弓动作和维持拉弓的状态对射手的力量是一个巨大的考验,没过一会儿我的手就开始发抖,呼吸也越发沉重起来。在接下来的几周里,情况并未改善。对我来说,拉弓依然是件难事,遑论通过勤奋练习将其"精神化"了。为了自我安慰,我猜想师父一定隐藏了关键的窍门,只是出于某些缘由没有点明,而我立志要把它找出来。

痛下决心后，我继续练习。师父密切关注着我的努力，帮我改善僵硬的姿势，表扬我用功，责备我胡乱发力。除此之外，其他的事他都放手不管。只是在我拉弓时，他会不失耐心和礼貌地对我喊"Gelockert"（放松）——这是他在此期间学会的德语单词，而这恰恰戳到了我的痛处。我终于还是失去了耐心，我承认自己就是无法按照现在的方法拉弓。

师父向我解释道："你之所以做不到，是因为你呼吸的方法不对。吸气后，将气轻轻向下压，使腹壁适度收紧并保持一段时间，然后尽可能缓慢、均匀地呼气，稍作停顿后，再次快速吸气。从现在开始一呼一吸，节奏会逐渐自如起来。如果方法正确，你会发现射箭一天比一天容易。因为通过这种呼吸方法，你不仅能发现一切精神力量的源泉，还能让这种力量生生不息，越流越通畅，越是放松，这种力量就越容易贯通你的四肢百骸。"说完，他用一把强弓为我做演示，他让我站在身后，在拉弓时感受他手臂的肌肉。果然，他的手臂是放松的，似乎完全没有用力。

我开始练习这种新的呼吸方法，起初不用弓和箭，直到呼吸变得自如，刚开始练习时出现的轻微眩晕感也很快消失了。师父非常重视这种尽可能缓慢直至吐尽空气的呼吸方法，他让我们将控制练习与哼鸣结合到一起进行。只有在声音随着呼气逐渐消失后，才能进行下一次吸气。师父曾经说过，吸气是融合和连接，屏住呼吸时，一切都会顺应发生，而呼气则是通过克服所有障碍达成释放和圆满。然而，我们当时还无法理解其中的深意。

呼吸本身不是目的，师父很快将其与射箭联系在一起。拉弓和射箭的整个过程被拆分成以下几步：持弓—搭箭—抬弓—拉弓（在张力最大的位置停留片刻）—放箭。每个步骤都由吸气开始，不断将气推向腹部，然后以呼气结束。呼吸自然地配合发挥着作用，它不仅能突出各个姿势和动作，还能根据每个人不同的呼吸能力将独立的动作有节奏地交织在一起。如前面所说，尽管射箭被拆分成了几个动作，但是它完全是从自身到自身的完整存在，它不同于体操练习，因为体操的动作即便随意增减也不会破坏原本的意义与风格。

每每回想起那段日子,我都清晰地记得调整呼吸有多么艰难。虽然我的呼吸在技巧上是正确的,可是一旦拉开弓并试图保持手臂和肩膀放松的时候,腿部肌肉却又不由自主地僵硬起来,我就好像和安泰俄斯[1](Antaeus)一样,非得结结实实地扎在地上才能吸取力量。别无他法,师父只能以迅雷不及掩耳的速度抓住我的腿部肌肉,按在痛觉特别敏感的点上提醒我。一次,我为自己开脱,说自己已经尽力保持放松。师父回复道:"这就是症结所在,你应该心无旁骛地专注于呼吸本身,而不是思考它。"当然,我又花了很长时间才达到师父的要求。但是我终究还是做到了——我学会了如何毫不费力地

[1] 安泰俄斯:希腊神话中的巨人,是大地女神盖亚和海神波塞冬的儿子,他力大无穷,而且只要他与土地接触,就可以从母亲盖亚那里获取无限的力量,从而不被打败。

忘记呼吸，这听起来可能有点怪，有时我甚至感觉不是自己在呼吸，而是"被呼吸"了。尽管我长时间冥思苦想来抗拒这种荒诞的想法，但我已不再怀疑，呼吸的确有师父所说的玄妙之处。随着时间的推移，我越来越频繁地能够在全身放松的状态下成功拉开弓弦，并在射出箭之前一直保持这种状态，但我却说不出这是怎么做到的。屈指可数的成功与不计其数的失败之间质的差别如此显著，我不得不承认，我终于明白了心灵拉弓的含义。

原来这才是"狮子狗的真身"[1]：我追求的技术诀窍都是徒劳，能解放和开启新的可能性的是呼吸。我的说法不是空穴来风，尽管我知道在这种情况下人往往会出于自我欺骗，夸大那些不符合常理的体验带来的影

[1] 狮子狗的真身（des Pudels Kern）：出自德国文豪歌德所著的诗剧《浮士德·悲剧·第一部》的场景：一只黑色狮子狗跟着浮士德回家，并变成了一个流浪学者，而这个学者其实是魔鬼梅菲斯特伪装的。"狮子狗的真身"在德语中意为"事物的真正本质"。

响。我避免沉浸在过度的思虑中,尽量保持克制和客观,但是新的呼吸方法带来的成果是不言自明的证据,因为随着时间的推移,我竟然能轻松拉开师父强度最大的弓。

在一次非常详细的会谈中,我问小町谷先生,师父为什么要旁观这么长时间,任由我"勤勤恳恳"地白费力气去练习"心灵拉弓"?为什么他不从一开始就教授我正确的呼吸方法呢?他回答道:"一位大师必然也是一位高明的老师,对我们来说,这两者是一体的。假若他以呼吸练习作为开始,那么您有可能永远都不会坚信呼吸有如此至关重要的作用。在您做好准备抓住他扔给您的救生圈之前,您必须要先通过自己的尝试来体会沉船的挫败。请您相信我,出于我个人的经验，师父对您，对他的每个学生的了解甚至超过我们对自己的了解。也许他们不愿意承认，但是师父有看到学生灵魂的慧眼。"

让结果自然发生

用"心灵"射箭一年以后,我终于能毫不费力地拉弓了,这算不上什么卓越的成就。不过我很满意,因为我终于开始了解,人们为什么将一种自卫术纳入这个体系:它能通过灵活的退让,出其不意地瓦解对手猛烈的攻击,且不费吹灰之力让对手发出的力反作用于自己,以退为进,这也是人们把这种自卫方式称为"柔道"的原因。自古以来,人们就把虚而不屈的水视为它的原型，老子有一句至理名言说道："上善若水。"理想的人生应当像水一样，顺应一切。此外，师父的学校里还流传着这么一句话："入门轻松的人，之后会遭遇更多困难。"对我来说，入门时困难重重，于是我理所当然地暗自揣测，面对未来的困难，我大概可以乐观一点了。

接下来的课题就是学习放箭。在此之前，我们只被允许偶尔放箭，这只能算是捎带着练习而已。至于射中哪里就更无关紧要，只要能射中用稻草压制而成的滚筒（它既是靶子又兼具沙袋的功能），就算完成任务。射中它完全不足称道，因为我们之间的距离不超过两米。

以前，当我感觉拉弓的双手实在维持不

了弓的最大张力必须收回时，就会直接放开弓弦。这种张力不会让人感到疼痛，皮质手套的拇指处有硬壳和厚厚的软垫，以防弓弦对拇指的压力太大让人感到不适，从而在弓达到最大张力之前就放箭。拉弓时拇指放在箭的下方，围绕弓弦的位置向内扣紧。食指、中指和无名指则紧紧环扣住拇指，从而保证箭处在稳固的位置。放箭实际上就是：放开所有握住拇指的手指，让箭飞出去。弓弦巨大的拉力会把大拇指从原先的姿态拉离，弓弦震颤，箭就应声射出。到现在为止，我的整个身体在射箭的那一刻还会产生肉眼可见的震颤，会连带着影响弓和箭的稳定度。我深知，这样射出的箭不可能平稳，更不用说精准了，只会歪歪斜斜。

一天，当师父发现我在拉弓的技术上已经无可指摘之时，他对我说："到目前为止，你所有学到的东西都是在为射箭做准备。现在，我们将面临一项崭新的但又是格外困难的课题，这也是将把你引入射箭这门艺术的全新阶段。"说完这些话以后，他拿起弓，引弦，射箭。直到这时我才注意到，师父拉弓的右手是突然松开的，右手虽然会在弓弦张力的释放中回弹，但并没有引起身体的丝毫抖动。右肘在放箭之前形成一个锐角，随着放箭时被弹开，然后轻轻地向后伸展。不可避免的后坐力就这样被平衡掉了。

如果不是弓弦尖锐的声音和箭射出时的穿透力，人们大概无法体会到弓箭的力量。在师父身上，我们只看到射箭是那么简单，好似一个游戏。

东方人欣赏并追捧的正是这种举重若轻的美。以我当时所处的阶段，我别无他想，最重要的是保证射箭的稳定度，这与射箭的精准度直接相关。基于步枪射击的经验，我知道在瞄准线上稍有偏差就会造成非常明显的失误。目前我所学所实践的一切，事实上都建立在对一个要点的理解之上：放松地引弦，放松地维持最大的张力，放松地射箭，放松地控制身体的震颤——我们付出的努力和耐力难道不都是以射箭的准确度为目标的吗？那么，为什么师父会说我们现在经历的过程远比迄今为止练习的、熟悉的一切更为重要？

我依旧按照师父的教导苦练，然而没有

丝毫效果。我时常觉得，在我对射箭还不懂控制的时候因为运气好射出的箭反而好过现在。我意识到，我的右手，尤其是最初按着拇指的手指在打开时无法不发力。其结果就是，放箭的那一刻会产生猛地回抽的力，让射箭的动作变形。师父向我演示正确、稳定的放箭方法；我有样学样，尝试着像他一样，但是结果不尽如人意，我的箭甚至更不稳了。我像一条无头的蜈蚣，不知道该按照什么顺序来摆布自己的脚，结果动弹不得，被困在原地。

对于我的挫败，师父明显没有我自己那么慌乱。他是不是出于经验，早就知道我会走到这一步呢？"不要去想你要做什么，也不要思考如何完成它！"他对我喊道，"当射手自己都猝不及防的时候，箭才能平稳射出。弓弦必须像是要猛然切断紧扣着它的拇指一样。你切不可刻意放开右手。"

接下来的几周，乃至几个月，我都在进行毫无成效的练习。我一直把师父的射箭方式作为标准，想要觉察射箭的精髓，但是一次都没有奏效。引弦后我苦苦地等待着放箭的时机，却因为承受不住弓的张力，双手慢慢靠近，结果根本无法射出这一箭。如果我执意坚持直到力竭，最终也只能从手臂和肩膀肌肉借力。即便我像一座雕塑一动不动地站着，身体依然僵硬、痉挛，松弛感荡然无存。

也许是偶然，也许是师父有意为之，有一天，我们聚在一起喝茶。我终于等到了一个期待已久的机会来倾诉我的心声。

我说:"我知道,手不应该突然放开,这样会影响放箭。但无论我怎么做,总是不对。我尽可能把手握紧,放手时产生的晃动就不可避免。相反的是,如果我放松手指,弓弦在完全达到最大张力之前就猝不及防地滑脱,这又太早了。我就在这两种失败中来回摇摆,找不到解决的方法。"师父回答我说:"你必须像婴儿握住伸到面前的手指一样握住紧绷的弓弦。婴儿的小手握住手指的力量让人惊讶,当他放开手时身体不会发生丝毫的晃动。你知道这是为什么吗?因为婴儿不会想:我现在要放开手指去抓别的东西了。从一物转移到另一物,婴儿完全不去思考,也没有目的。我们通常会说孩子在玩东西,其实换种说法同样贴切，东西在和孩子玩。"

"我大概理解您想要通过这个对比传达的意思，"我回应道，"但是我的境况是否与此不同？当我拉弓的时候，我感觉如果不立刻把箭射出去，我就维持不了弓的张力。这时候会发生什么呢？我会突然开始呼吸急促，不得不把箭放出去，这由不得我，因为我没法再等下去了。"

师父说："你把困难说得很明白。你知道你为什么没法在放箭的时刻等待吗？又是为什么在这之前就开始呼吸急促？因为你还没有把自己放下，所以无法在正确的时机射出正确的箭。你引弓不是为了成功，而是奔着失败去了。一旦陷入这样的思维，你就没有其他的可能了，射箭变成了一件与你本体分离的事情。一旦这种状态开了头,你的手就没法像婴儿的手一样正确地张开,无法像熟透的水果一样绽开果皮。"

《石榴图》,[南宋]牧溪绘

我不得不向师父承认，这个比喻让我更加一头雾水。我考虑再三说："无论是拉弓还是射箭，都是为了达成目标。拉弓是实现目标的方法，我无法忽略这两者之间的关系。婴儿能做到是因为他不了解，而我无法放下这份了解。"

师父喊道："真正的箭术是无为的！你越是执着于为精准地命中目标而学习射箭，就越不会成功，反而与目标渐行渐远。阻碍你的正是你急切的心。你认为你不去做，事情就不会发生。"

我反驳道："但是您自己曾经也经常说，射箭不是打发时间的消遣，不是无聊的游戏，而是关乎生死的事情。"

"我会一直这样讲。我们箭术师父说'一

击一生'！你现在还理解不了这句话的意思，但是它也许能帮你描绘出相同体验的画面。我们箭术师父还会说'射手用弓的上端贯穿天际，用弓的下端以线悬挂大地'。射箭时如果伴随着强烈的颤动，就会有将弓弦绷断的危险。心切之人和暴躁之人将永远陷入这断裂的缝隙中，迷失在天与地之间。"

我沉思片刻后问道："那么我该做些什么呢？"

"你必须学会等待恰当的时机。"

"该如何学呢？"

"当你把自己放下的时候，坚定地将一切抛诸脑后，什么都不要留下，只去感受那无为的张力。"

我脱口而出："那就要我刻意地做到毫不

刻意？"

"还没有学生问过我这个问题，因此我也不知道该怎么回答。"

"那么我们什么时候开始新的练习？"

"待到时机成熟便可。"

心流：当下的正念

　　自我学习射箭以来，这是我第一次与师父有如此深入的探讨，可是这一次谈话却再一次让我陷入困惑。现在，我终于要触及我学习射箭的主题了。师父所说的这种自我的"放下"，不就是通往无为和超脱路上的一个阶段吗？能够开始感知禅对射箭艺术产生影响的境界，我还没有达到吗？当然，我暂时还无法解释"无念等待"的能力和"适时放箭"之间的关系。但是，只能从经验中习得的东西，为什么要试图用思想来猜测呢？现在不正是抛弃这种没有结果的倾向的时候吗？我时常默默羡慕师父的众多弟子，他们像孩子一样被大师引领着。能够毫无保留地这样做，是多么幸福啊。这种行为不会导致冷漠和精神的麻木。他的弟子们不是至少可以问很多问题吗？

让我失望的是，在接下来的一堂课上师父继续着之前的练习：引弦—达到最大张力时维持—放箭。然而，他所有的启示依然不奏效。尽管我尝试着不屈从于张力，而是努力超越它，就像是张力自然而然地将箭推出去一样，不设边界；尽管我努力等待着最好的时机，在射出的一刻同时也达到张力的顶点，但是我的每一击都以失败告终：事与愿违，一切还是摇摇晃晃。我被笼罩在失败的阴影中，练习不仅毫无进展，甚至还伴随着危险，也只有在这个时候，师父才会叫停练习，开始全新一轮的指导。

师父教导我们："你们今后来上课之前，务必在来的路上就把心安顿好。把精力集中在课堂上要发生的事上！心无旁骛，如同这个世界上只剩下的唯一重要的、切实的事情就是射箭！"

师父将放下自我的这条道路拆分成不同的步骤，我们需要认真践行。在这里，他也只做了一些简短的提示。练习者能够理解，或者仅是能够预想各个阶段应该做什么，这对于练习者来说就已经足够了。因此，没有必要将传统中通过意象划分的阶段清晰地概念化。谁又能知道，历经几个世纪的实战之后，它们或许在某些方面比我们推敲琢磨出来的知识更深刻。我已经迈出了这条修行之路的第一步，那就是将身体放松，没有这个前提就无法正确地拉弓。那么想要正确放箭，就必须将身体的松弛最终进阶为精神上的松弛，精神不仅是灵活的，还是自由的。自由因灵动而生，原初的灵动由自由成就。这种原初的灵动与人们所理解的精神上的灵活在本质上是不同的。因此，身体的松弛与精神的自由存在着境界上的差距，而这差距已经不是仅靠呼吸法就可以弥合的了，而是要通过摆脱一切束缚，从根本上进入无我的境界才能超越：灵魂只有这样才能全然深入到自身那不可名状的本源中。

关闭感官世界的大门,并不是通过坚决地自我回避实现的,而是要让感官没有阻滞地欣然地退让到幕后。要想做到这种近乎直觉式的无为之举,需要来自灵魂内部的支持,这种支持要借由专注于呼吸来完成。它需刻意地甚至是一板一眼地认真执行才可以。吸气和呼气都要单独进行,一丝不苟地练习。无须太久,这项练习就能初见成果。越是专注于呼吸,来自外部的干扰就会变得越小。起初,人们还会有意无意地浸入含混的噪声里,最终这些噪声就会像不再扰乱心绪的海浪,人们会慢慢对它习以为常。如此一来,再大的外界干扰也不能影响到你,摆脱干扰也将变得容易、迅速。人们只需要注意,在站立、坐、卧的时候尽可能保持放松，并且专注于呼吸，那么很快就能感受到自己被密不透风的外壳隔绝开了。人们能感受到的，只有这一呼一吸。要想进一步放下对呼吸的感受和意识，不需要做新的决断，因为呼吸会变得越来越微弱，最终在顺滑的过渡中趋于消失，变成单一的节奏，被完全隔离在专注的心流之外。

遗憾的是，这种美好的、不受影响的心流状态最初还无法长久保持。内心的种种念头终会攻破它。从虚空中无端生出的情绪、感受、欲望、忧虑和念头，会莫名混杂在一起，越是那些遥远、怪诞，与现实无关的事情，就越是顽固，挥之不去。它好像在向意识复仇，因为专注力触及了它原本无法抵达的领域。唯一能够平息杂念的方法就是平静地、毫不在意地继续呼吸，对浮现的念头保持友善，习惯它，学会平静地观照它，直到这种观照产生倦怠。这样，就会逐渐达到一种类似于入睡前放松、朦胧的状态。

不过，一定要避免最终昏沉睡过去的危险。人们可以通过突然提振精神来应对这种情况，这种精神的猛然集中就好比是一个彻夜未眠的人知道自己的生命感官都仰仗这点清醒和警觉；只要精神的提振奏效一次，今后就必定可以重复这样的体验。它能帮助灵魂自然地进入心流状态，并且不断增强那些在梦中都很难体验到的感受：那是极度地轻盈，充满了愉悦的确信感，仿佛从四面八方都能唤起能量，从而提升或释放不同强度的张力。

在这种状态中,那些具体的事情都不再被思虑、被计划、被争取、被渴望或被期待,人们没有特别的目标指向,但是知道自己专注力的极限和局限,这样就能进入一种无为、无我的状态,也就是师父所说的真正的"心灵化"。事实上,它充满了精神上的觉察,也因此被称为"当下的正念"。精神,意味着无处不在的当下,因为它不依附于任何固定的地点。它之所以能够存在于当下,就是因为即便与这样或那样的事物产生关联,它也不会执着于物,因此便能葆有它本性中的灵活。像水一样,它可以充盈一汪池塘,却一刻不停地流淌。它有不竭的力量,因为它是自由的;它向万物敞开怀抱,因为它是虚空的。这事实上正是原初的状态，它的意象是一个空心的圆圈，这"空"对于身处其中的人来说并非毫无意义。

因此，艺术家必须摆脱一切束缚进行创作，就是为了实现当下的起心动念，不受任何潜在意念的影响。但是在他完全忘我地投入到创作之前，必须要先为艺术实践铺平道路。因为当他无法依赖直觉沉浸在一个情景中时，就必须先将自己引入意识的层面。这样，他就会重新进入所有那些已经脱离的关系中；他像是一个刚被叫醒却要计划当天行程的人，而不是生于原初状态并在其中生活的觉醒者。因此他绝不会以为创作过程中的各个环节是被一双更高明的手操纵着的，也不会感受到一件事传递出的震颤有多令人着迷，他本身就是震颤的一种，他所做的一切在他意识到之前就已经完成了。

因此，必要的超脱和自我解放、生命的内化和精进、达成完满的智慧，这些不能寄希望于有利的条件和偶然的机缘，越是想要

《山水图》（局部），[明] 佚名绘

达到这种状态，就越不能听天由命，也不能自信在耗费了全部精力的创作过程中能够自然而然地产生理想的专注力。在一切创造和实践之前，在调整状态并全情投入之前，艺术家要唤起这种心智并且通过练习加以稳固。当他能在很短的时间内就唤起这种心智，而不是偶尔才能捕捉到的时候，这种专注力就像呼吸一样与箭术紧密相连了。为了顺利进入拉弓射箭阶段，射手侧身跪地，开始聚气凝神，接着站起身来庄重地走到箭靶前，深鞠一躬后，像呈奉祭品一样呈上弓箭，然后搭箭、抬弓、引弦，并在精神极度警觉的状态下等待着。当箭像闪电一般射出时，弓箭的张力同时也得到了释放，射箭者要保持射箭时的姿势，直到吐出绵长的一口气后再吸一口气。然后他才能放下手臂，向箭靶鞠躬，如果他接下来不再射击，就安静地退到后面。

射箭已然成为一种通往"大道"的仪式。

即使在这个阶段的学生，也不能完全理解射箭的深远意义，但他至少明白为什么射箭不是一项运动或体育锻炼了。他也就理解了为什么要兢兢业业地练习这些技术性的动作，直到厌烦为止。当一切取决于箭手完全忘却自我、毫不刻意地将自己沉浸在射箭中时，那么其外在行为就如同由内在自然驱动发生，没有滞碍，也不会产生控制的念头。

以心传心

事实上，日式课程教授的就是这种无条件的对"形式"的掌握。通往精进之路的特征就是：练习再练习、重复再重复。至少所有的传统艺术门类都遵循这一原则。演练、示范；直觉、模仿——这就是传道授业的基本关系，虽然在过去的几十年中，欧洲的教学法在一些新专业中建立起来，并且获得了有目共睹的接受度，但是日本艺术的教学方式为什么基本上没有受到新事物的冲击呢？

要回答这个问题绝非易事。尽管如此，我仍需试着给出哪怕是概括性的答案，以揭示教学的特质，进而阐释模仿的意义。日本的学生有三种特质：良好的教养、对自己所选艺术的热爱、对老师无条件的尊敬。自古以来，师生关系就是一种根本的人生羁绊，因此老师必须承担起超过教学范围的责任。

最初，学生只需认真模仿老师的示范即可，不被作过多要求。老师也不作冗余的指导和讲解，只作简短的指示。老师也不期望学生提问，只是冷静地观察，由学生自己摸索尝试，他不指望他们能独立进取，只是耐心地等待他们成长、成熟。双方有的是时间，老师不催促，学生不焦急。

老师不想过早地把学生灵魂中的艺术家唤醒，将学生培养为熟练掌握技术的匠人才是第一要务。学生们孜孜不倦地沿着这样的方向践行着。他们仿佛没有更高的追求，只是愚钝、虔诚地埋头苦练，经年累月后，当他们对"形"的把握已经炉火纯青时，就会发现技术带来的不是桎梏，而是游刃有余的自由。他们每一天都能感受到自己的进步，在技术上，所有的灵感都能毫不费力地实现，同时，他们也能通过仔细观察来启发灵感。当脑海中开始构建画面时，握着画笔的手就已经将意象捕捉到并且将其呈现出来了，到最后，学生自己也不知道究竟是意念完成了这幅作品还是手完成了这幅作品。

但是，想要让技术达到"人神合一"的

境界，就必须像射箭艺术的要求一样：身体和精神需要高度集中。在新的例子中可以看到，这一点无论在什么情况下都不可或缺。

水墨画家在他的学生面前坐下。他检查毛笔，从容不迫地将它们整理妥当，然后仔细研墨，把面前垫子上的细长卷轴挪到合适的位置，最后在一段不容搅扰的深度专注后果断下笔，用无须修改也不容修改的准确线条完成画作，作为学生们的示范。

花道大师在开始课程前会小心地把捆着花朵和枝干的韧皮解开，并且仔细地卷起来放到一边。他会反复对比每一根枝条，然后选出最完美的一枝，谨慎地弯折成合适的造型，弯折的形状要与花枝发挥的作用相匹配，最后，将花枝一起放入选中的花瓶中。完成

《破墨山水图》，[日本]雪舟绘

后的作品看起来就好像花道大师呈现出了自然在幽暗幻梦里的样子。

我想要就此打住，仅限于这两个例子来谈——老师们表现得旁若无人，他们不会说一句话，甚至不会瞥向学生一眼。开始前的准备工作将他们带入一种专注、从容的状态，进入创作时，他们是全然忘我的。从这两个例子中都能看出，从开始时的准备工作到最终的作品，这一切仿佛自成一体。事实上，整个过程具有极高的表现力，旁观者就像在欣赏一幅画。

为什么老师们不让有经验的学生来完成这些不能省略但同时也并不那么重要的准备工作呢？画家亲自研墨，花道大师仔细地解开韧皮，而不是粗暴地将其剪断，随手扔掉，是否就是这些细节激发了他们的艺术感受力和创造力呢？又是什么促使他们在每一堂课上都以如此的决心一丝不苟，甚至迂腐、死板地重复这些步骤，并且让学生们也这样模仿呢？他们之所以要坚持传承这个传统，从他们的经验来看，是因为这些准备工作可以帮助他们调整到创作状态。创作时的冥想状态会引领他们将能量达到至关重要的松弛和平衡状态，如果没有这种专注和冥思，任何作品都无法完成。无所求地沉浸在当下所做的事情中，将会进入这样一个时刻：作品以完美的顺序出现在脑海中，仿佛是作品本身创造了自己。箭道中的步法和姿势虽然在形式上与其他艺术门类的准备工作不同，但它们具有相同的意义。不过宗教仪式中的舞者和演员并不适用于这种情况，他们会将专注和冥思的准备工作放在登台之前进行。

　　与箭道一样，之前提及的这几个例子无疑都是仪式的一种。比老师的言语教导更加明晰的是，学生从这个过程中可以了解到：当准备与创作、技艺与艺术、物质与精神、设想与实践完美地融为一体时，方才达到了艺术家正确的精神状态。学生就此也找到了新的模仿主题。从现在开始，他要完美地掌握集中精神、忘我冥思的方法。这种模仿不再与具体的事物相关，那是任何人只要有意愿就能模仿的皮毛，他现在要变得更松弛、更灵活、更灵性。学生将看到自身新的可能性，同时也将明白，新的可能性的实现与他的意志无关。

如果学生的才能通过了更高的考验,那么他在通往艺术家的道路上还会面临一种难以避免的危险。那不是被自我陶醉的虚荣心所吞噬的危险——因为东方人生性就不喜欢这种自我崇拜——而是陷入故步自封的危险,止步于成就与名气带来的肯定和赞美。换句话说,就是表现得好像艺术的存在是其自我印证的一种生命形式。

老师已经预见到了这一点。他会谨慎地运用引导灵魂的精妙艺术,适时地干预,让学生超然于"自我"之外。为了达到这个目的,他会不着痕迹地结合学生已有的经验向他们灌输一个观点,好像只是顺带提及一件值得注意的小事一样,那就是所有正确的创作只可能在无我的状态中完成,在那个状态下,艺术家早已不再是当下的"他自己"了。只有精神存在于当下,以一种"无我"的清醒,"以眼听,以耳观",无拘无束地穿透一切广阔和深邃。

老师就这样让学生在自我中探索。学生越来越愿意通过老师来认识一些事,即便有些话他早就听过了,但现在才开始因为自己的体验而变得具体。至于老师叫它什么名字,或者说是否为其命名,一点也不重要。即使老师缄口不言,学生也能心领神会。

一种至关重要的内在活动由此开启。老师密切地关照着各个环节,不会让远距离的指导影响其进程,因为那样只会扰乱人的思绪;老师会以他所知道的更加隐秘的、内化的方式来帮助学生,也就是佛教中所说的,最直接的精神传递——"心传"。"人们用一支点燃的蜡烛去点燃另一支",老师就是这样将真正的艺术精神以心传心,点亮学生。若有学生承蒙教诲,应当谨记,比起作品迷人的外在,完成内心的作品才是更重要的,那也是作为一个真正的艺术家的使命。

　　内心的创作要求艺术家成为他自己原本的样子,成为他感受到的自己的样子、他时时觉察到的样子,并且将其当作创作与塑造的原材料,最终练就炉火纯青的大师技艺。在这个过程中,艺术性与人性在更高的维度相遇。精湛的技艺被认为是一种生活方式,因为它来自无边的真理,并由真理所孕育,是起源的艺术。大师不需求索,只需发现。作为艺术家,他是具有神性的人;作为一个人，他则是艺术家一般的存在。无论他做（Tun）还是不做（Lassen），创造还是沉默，存在（Sein）还是不存在（Nichtsein），佛祖都能从中看到他的心。人、艺术家、作品——这一切都是一体的。作品内在的艺术不会像外在的一样与艺术家分离，因为它不是制作出来的，它本身就在那儿，在无人知晓的幽深之地。

通往大师的道路非常艰难。支撑学生走下去的往往是对老师的信念，此外别无他法。老师是内在修炼的典范，他的存在本身就足以令人信服。

到这一阶段，学生的模仿就进入了最后也是最成熟的境界：他在追随中获得了老师的精神。

学生能走多远，不是老师或大师能决定的。一旦为学生指明方向，老师就要放手让他自己上路。为了帮助学生熬过孤寂的时光，老师能做的最后一件事就是让学生与自己分离，这样他才能由衷地告诉学生："爬到老师的肩膀上。"让他靠自己的力量走下去。

无论学生的道路通往何方，即使看不到老师的身影，学生也不会忘记老师。他们怀着对老师的感激之情，随时做好牺牲的准备，这种感激之情与初学时无条件的崇敬之心，和艺术家救赎的信仰一样强烈。从古至今，无数事例都可以证明，这种感激之情远远超出了一切世俗的情感。

无为而为

随着时间的推移，我越来越能游刃有余地融入箭道的仪式中，并且毫不费力地完成它。或者更准确地说，我感觉自己就像在梦中一样被引导着完成了它。就这一点来说，师父的预言得到了验证。不过，我还是没有办法避免注意力在射箭的那一刻溃散。在最大张力下的等待时刻不仅让人疲惫，失去活力，而且着实难以忍受，以至于我一次又一次地从全神贯注的状态中挣脱出来,将注意力集中到射箭的结果上。

"不要一直想着这一箭,"师父喊道,"那样一定会失败的!"

"但是我没法不想,"我回答道,"现在的张力实在是太痛了。"

"正是因为你无法真正地从自我的觉知中解脱才会感到痛苦。这一切其实很简单。你可以从一片普通的竹叶身上学到最重要的一点:竹叶被雪压得越来越低,突然,雪滑落下去,但是竹叶依旧纹丝不动。当你保持在最大张力的时候也应该这样,直到箭自然射出。道理就是这样:当张力达到极限时,箭必然会落下。就像积雪从竹叶上滑落一样,箭也会在射手还没有意识到的时候从他的身侧飞出。"

无论我做什么或是什么都不做，还是没能等到箭飞出的那一刻。和从前一样，我依然有意识地放箭，此外我别无他法。这种持续的挫败让我愈发沮丧，因为这已经是我求学生涯的第三个年头了。我不否认，我经历过一段灰暗的时光，在那段时光里，我扪心自问这一切是否值得，迄今为止我所学的和所经历的一切似乎与我投入的完全不成正比。我想起了一位德国同胞的嘲讽，他说，在日本还有很多比这门无利可图的艺术更重要的事情可做。他问我以后想用这门艺术做什么，我当时对他的问话不以为意，现在看来，这个问题竟不再那么荒谬了。

师父一定感觉到了我内心的变化。后

来，小町谷先生告诉我，当时师父曾试图翻阅一本日本哲学入门书，想从我熟悉的角度来帮助我。但最后他还是悻悻地把书放在了一边，说他现在终于明白了，一个与这些东西打交道的人，在学习射箭的道路上必定会困难重重。

暑假期间，我们来到了海边，来到了一片宁静、梦幻、美丽的孤寂之地。我们把弓作为最重要的行李带在身上。日复一日，我一心扑在射箭的问题上。这已经成为我的一种顽固的执念，师父要我们练习的只是超然的自我沉浸，其他的什么都不要练习，不过师父的教诲已被我抛诸脑后了。我来来回回地想，考虑了所有的可能性，得出的结论是，我的错误不是师父批评的那样：做不到无欲和无我，只是因为右手的手指把大拇指握得太紧了。等待放箭的时间越长，我就越不由自主地握紧手指，我想我必须在这个问题上下功夫。很快，我就找到了一个简单明了的办法来解决这个问题。我拉开弓后便轻轻地、慢慢地伸展开交叉在拇指上的手指，那一刻，不再被手指压住的拇指自然而然地拉开；由此一来，射出的箭在一瞬间被释放，那感觉就像"竹叶上的积雪滑落"一样。这个念头之所以会在我脑海中出现，是因为我深谙步枪射击的技巧，这两者之间有一定的相似之处。在扣动扳机时，食指慢慢回勾，直到几乎消失的轻微压力克服扳机最后一丝阻力。

我很快就说服了自己，我一定是走上了正道。正如我所预想的，接下来以相同方式

《雪竹》(局部),[明]徐渭绘

射出的每一箭都是如此平稳顺利。不过，我并没有忽视成功的另一面，对于右手精确度的要求还是占据了我的全部注意力。我安慰自己，这种依靠技巧解决问题的方法会随着熟练度的提升逐渐变得自然起来，到那时我就不需要格外关注这些，终有一天，我能忘我地维持最大的张力，并且在不经意间放箭，这一技术能力也就随之心灵化了。这个信念变得愈发坚定，我不理会内心不安的声音，对于妻子的反对也置之不理，我继续向关键的那一步迈进。

在我看来，复课后射出的第一箭非常成功。这一箭射得既平顺又出其不意。师父看了我一会儿，像一个不太相信自己眼睛的人一样犹豫着说："请再来一次！"

我的第二箭甚至比第一箭还要好。师父无言地从我的手里接过弓,背对着我坐在垫子上。我明白这个举动的含义,于是离开了。

翌日,小町谷先生告诉我,师父不愿再继续教我了,因为我试图欺骗他。我十分错愕,自己的行为竟被这样误读。我向小町谷先生解释,我不想一直在原地踏步,所以采用了这种射箭方法。小町谷先生替我求情,师父终于还是让步了,但他提出了一个条件,那就是我必须保证绝不再违背箭道的精神,只有这样他才答应继续教我。

如果说深深的羞愧没能让我改过自新,那师父的言行也足以将我拉回正轨。师父对之前发生的事情只字不提,他只是说:"你看到了,如果不能无所求地在张力的顶点等待将会发生什么。在学习时,不要反反复复地问自己:我能做到吗?你要耐心地等待,看看会发生什么,又是怎么发生的!"

我对师父说:"这已经是我学习的第四个年头了,而我在日本停留的时间也将所剩无几了。"

"通往目标的道路,"他回答道,"是不能计算的,那么几周、几个月、几年又有什么所谓呢?"

"如果我就这样止步于半路该怎么办呢?"我问。

"如果你真的做到了无我,就可以随时中断,你就练习这个吧!"

于是我们又从头开始,仿佛迄今为止所学到的一切都被清零了。但是,我还是无法做到在最大张力下无所求地等待，我好像陷入了不可能摆脱的泥沼。

一天，我问师父："如果放箭的时候'无我'，那么箭是怎么射出去的呢？"

"是'它'把自己射出去的。"他回答道。

"这个回答我已经从您这里听到过很多遍了，因此我想换一个问法：当'我'不存在，那么我又如何能忘我地等待箭射出呢？"

"'它'会在张力的顶点等待着。"

"那么这个'它'究竟是谁？或者说'它'究竟是什么？"

"一旦你洞悉了这一点，就不再需要我了。若是我想要在你得道的路上帮助你，却让你省去自己开悟的过程，那我就是最差劲的老师，应当被开除。因此，我们不要再谈论这个话题了，开始练习吧！"

几周过去了，我还是没有丝毫进展。但我发现这件事对我并没有什么影响。是因为我对这门艺术已经倦怠了吗？无论我是否学会了这门技艺，无论我是否理解了师父所说的"它"究竟意味着什么，无论我是否找到了通往禅的道路——这一切突然间似乎变得十分遥远，变得无关紧要起来，我不再为此苦恼。有好几次，我下定决心想向师父倾诉，但是当我站在他面前的时候，我又怯懦了。我深知，除了那个老生常谈的答案，我从他那里再也听不到什么新的内容，他会说："你不要问，要练习！"于是我不再追问，若不是因为师父对我严厉督促，我想我也不会再继续练习下去了。我就这么一天又一天地熬着，踏踏实实地做着本职工作，我这么多年来坚持不懈地努力都是为了什么，我也不再去想了。

就在这么一天，在我射出一箭之后，师父深深地鞠了一躬，然后暂停了训练。"刚才是'它'射出了那一箭。"他喊道。我大惑不解地呆望着他。当我终于反应过来他的意思时，简直难以抑制内心的狂喜。

"我说的话，"师父严厉地说，"不是褒奖，只是一种确认，你不应该受到任何影响。我也不是向你鞠躬，因为你与刚才的那一箭没有任何关系。你刚才在张力最大的时刻做到了完全的忘我和无所求，因此放出的箭就像一颗熟透的果实一样从身边滑落。现在请继续练习吧，就像什么都没有发生过一样。"

又过了好一阵子，师父再次无言地鞠躬，他通过这个行为向我表示我又一次成功放箭。为什么在我几乎什么都没有做的情况下，箭自己就飞出去了？为什么我几乎紧扣的右手会突然回弹张开？无论是那时还是现在我都无法解释这些现象。但事实就是如此，它的确发生了，这才是最重要的。至少我可以逐渐自行分辨出哪些是正确的射箭哪些是失败的射箭。其中质的差别是显著的，一旦感受过一次就再也无法忘怀了。对于旁观者而言，从表面上看，正确的射箭，右手的后坐力会有所缓冲，不会引起身体的震颤。在错误的射箭过程中，屏住的气息被突然吐出，因此也无法及时吸入充足的空气；正确的射箭则正好相反，呼气时放松平顺，吸气时不疾不徐。心跳平稳沉静,专注力不受搅扰,射手就可以没有阻碍地开始下一轮射箭。然而一次正确的放箭会让射手的内心产生这样的情绪,就好像这一天才刚开始。他想要去完成一切正确的"有为"之事,或许更重要的是,也想去做所有正确的"无为"之事。这是种相当奇妙的状态。但若是谁进入了这种状态,师父就会带着神秘的微笑告诫他:即便拥有了这样的体验也要置若罔闻,只有坚定的平常心才能把他拉回正轨。

无靶之箭

之后的一天，师父宣布我可以进入下一个阶段了。我对师父说："现在我们已经度过了最黑暗的时刻。"他说道："行百里者半九十，新的练习是朝着箭靶射箭。"迄今为止，作为目标同时也是承接箭的工具只是一个绑在木架上的稻草捆，它被放置在距离我们有两支箭长度的地方。真正的圆形的箭靶则不同，它被安置在距离大约六十米的一个高而宽的沙堆上，沙堆靠着三面墙，就像射手所在的大厅一样，上面还有漂亮的弧形瓦顶。两个大厅都由高高的木板墙连接，这些隔板就将里面发生的奇妙事情与外界隔开。

师父向我们演示了射靶，他的两支箭全都射中了黑色的靶心。然后他要求我们像以往一样进行仪式，依然在张力最大时等待，丝毫不要因箭靶扰乱了心绪，直到箭自然飞出。尽管我们那纤长的竹箭沿着既定的方向射出，但是有些只是扎进了前面的地面上，甚至都没有射到沙堆上，更不要说箭靶了。

"你们的箭飞不远，"师父觉察到后说，"因为它们在精神上就没有触及那么远的地方。你们必须把目标设定在无穷远的地方才行。对于箭术大师来说有一个经验之谈，那就是一个好的射手即便用中等强度的弓也能比一个没有精神力的射手用强弓射得远。因此，射箭的根本不在弓本身，而是射手要用当下的正念和警醒的灵性来射箭。为了释放这种精神警觉状态下的最大张力，你必须采取一种特别的仪式：要像一个优秀的舞者一样跳舞。如果能做到这一点的话，你四肢的运动就由身体的核心支配，正确的呼吸就会迸发出来。这样，你就不会像例行公事一般表演仪式，而是从瞬时的灵感中创造出仪式，舞蹈和舞者合二为一。把仪式当作祭祀舞蹈，明朗的精神就能获得最强的力量。"

我不知道我那时能在多大程度上让仪式"舞蹈化"，并且从身体的核心处展开动作。我射出的距离没有那么近了，但是距射中箭靶还差得远。这促使我询问师父，为什么他至今为止还没有向我们讲解如何瞄准箭靶？我猜想，箭靶和箭头之间一定存在某种关联，因此一定有一套行之有效的瞄准方法，这样才有可能射中靶心。

"当然有，"师父回答道，"你靠自己就能轻松瞄准。但是如果你几乎每次射箭都能射中箭靶，那也不过是一个卖弄技艺的射手罢了。对于真正野心勃勃的射手来说，箭靶只是一张七零八落的、无关紧要的废纸。对于箭道而言，箭靶只是纯粹的心魔，不存在一个多少距离之外的箭靶，只存在一个用任何技术都无法瞄准的目标，如果一定要给这个目标命名的话，它就叫作'佛'。"师父说这些话时，仿佛这些是不言自明的道理，他要我们仔细观察他在射箭时的眼睛。在进行仪式的时候他几乎是闭着眼睛的，我们甚至都没发觉他有瞄准的动作。

《二祖调心图》，[宋]石恪绘

我们听话地练习射箭却不瞄准。起初，我对箭的落点完全不在意。即使偶尔射中，我也并不感到兴奋，因为我知道那不过是侥幸而已。不过，随着时间的推移，我发现我还是不能忍受这样无的放矢地射箭。我的老毛病又犯了，不停地想这件事。师父假装没有看到我的困惑，直到一天我向他坦白我又陷入困境了。

"你的担心是多余的，"他安慰我说，"为什么不把射中目标这件事抛诸脑后呢？即使不能每次都射中，也不妨碍你成为一个箭术大师。射中箭靶只不过是外在的证明，也是对你无所求、无我、无念或其他任何你想称之为这种状态的最高境界的确认。精通一门艺术是分阶段的，只有达到最后一个阶段的人才能百发百中。"

"这正是我百思不得其解的地方,"我回答道,"我明白您所说的真正目标,也就是应该被命中的内在目标。但是,那个外在的目标——那张圆纸——怎么会在射手没有明确瞄准的情况下被射中?它又为什么是内心活动的外在证明呢?——这种对应关系我还是捉摸不透。"

师父思考了片刻说:"如果你认为这些粗浅的见解能帮助你参透这深奥的关联,那就大错特错了。我们面对的是思维无法触及的过程。你别忘记,在自然中就存在着这样的关联,它不可捉摸,但确实存在,我们对它习以为常,当它是天经地义一般。我给你举个例子,这也是我经常思索的:蜘蛛结网,它不知道会捕到苍蝇。苍蝇无忧无虑地在阳光中飞舞,却在不知不觉中被网住,不知等待它的是什么。透过蜘蛛和苍蝇,'它'舞动着,内在的和外在的在舞动中变成一体。射手无须瞄准就能射中箭靶——我只能言尽于此了。"

这个故事一直萦绕在我的脑海中,我却始终没能想出个满意的答案——我内心的种种思绪互相冲撞着,让我无法感到欣喜,也无法继续轻松地练习。几周过去了,那股逆反的思绪变得愈发明晰。我终于还是问了出来:"难道就没有这种可能——在经过几十年的练习后,您能够在下意识的情况下以近乎梦游一般的准头持弓射箭,您即便无意瞄准,也能射中箭靶，您根本不会失手？"

师父对这些恼人的问题早就习以为常，他摇摇头，一阵意味深长的沉默后说道："我不想否认你所说的这些，有些事实可能就是这样。当我'面对'箭靶时，即使我无意瞄准，也难免会看到它。但是我也知道，仅是看到目标是不够的，这不能决定什么，也不能解释什么，因为我对目标视而不见。"

"那么，即使蒙上您的双眼，您应该也能射中吧？"我脱口而出。

我不禁担心刚才的话对他有所冒犯，师父看了我一眼，然后说："今天晚上来见我！"

我在他对面的垫子上坐下。他递给我茶，但一言不发，许久，我们就这样相对而坐，四周安静得只能听到水在炉火上沸腾的声音。师父终于站起身来,用眼神示意我跟着他。练习厅里灯火通明。师父让我把一根细长如织针的线香插在箭靶前面的沙堆上,但不点亮箭靶处的灯。四周很暗,无法看清箭靶的轮廓,如果没有线香的一点光亮,我连箭靶的大概位置也无法判断。师父"舞"起仪式,他的第一箭从耀眼的光亮处射向幽深的黑暗中。仅凭声响,我确定这一箭射中了。紧接着,第二箭也中了。当我点亮箭靶处的灯时,我震惊地发现,第一箭正中黑色的靶心,而第二箭竟劈开了第一箭的箭尾,在扎进黑色靶心之前还削去了一段箭柄。我不敢单单把箭拔出来,于是连着箭靶一起拿了回来。师父审视地看着我拿回来的箭靶和箭。"第一箭,"他说,"你或许认为这不算什么绝招,毕竟这是我几十年来的熟练功,即使在最深的黑暗里也能找到箭靶的位置。也许是的,我不想反驳。但是射中了第一箭的第二箭,你又作何解释呢?无论如何,我都清楚,这一箭不能算在'我'身上,是'它'射出的这一箭,并且射中了这一箭。让我们对着箭靶鞠躬,像对着佛祖施礼一样。"

显然,师父的那两箭也击中了我。一夜之间我仿佛脱胎换骨,我不再对自己的箭术感到苦恼了。师父为了增强我的这种信念,他从不看向箭靶,只关注射手,仿佛他仅从射手身上就能读出每一箭的结果。当我问及此事时,他也不否认,我也一次又一次地意识到,他对射箭的判断之准确丝毫不亚于他的箭术。他就是这样,在经历了最深刻的专注后，将射箭艺术的精神传递给学生，我也开诚布公地以自身的体会证明，所谓"心传"绝非虚言，而是真真切切的事实，尽管我也曾对此深深地怀疑过。那时，师父的帮助还体现在另一件事上，这被他称为最直接的心传法。当我连续射的几箭都很不理想时，他会接过我的弓，然后射上几箭。这个变化非常明显：弓被再次拉开时的感觉和之前不同了，它变得更好驾驭，更加顺手。不只是我有这样的感受，即便是最年长且最有经验的学生们，那些来自各行各业的人们，都对此确信无疑，他们甚至对我想要一再求证的行为感到十分诧异。相同的，剑道大师也信奉这样的信念，且不被任何声音所动摇，每一把通过极致的专注和艰辛的劳作打造出来的剑都凝聚着铸剑师的精神,因此他们在铸剑时都会穿特定的服饰。他们的经验之丰富,之准确,已经到了可以听到剑的诉说的程度。

有一天,当我刚射出一箭时,师父立刻喊道:"就是这样!请你向它鞠躬吧!"事后,当我望向箭靶时——我很难装作看不到——却发现我的箭不过是擦到了箭靶的边缘。"这一箭射得很好,"师父这样评价道,"就应该这样开始。但是今天就到这里吧,否则你会在下一箭格外努力,那样就毁掉了这个良好的开端。"随着时间的推移,我大部分的箭都射空了,但偶尔也能接连射中几箭。每当我稍微露出一丝得意之色,师父就会异常严厉地教育我。"你在想什么?"他喊道,"射得不好,你不应愠怒;射得好,也不要得意。

这是你早就知道的。如今你要学会在悲喜之间来去自如，你必须学会以平常心自处，你的喜悦应该像是看到别人射出了很好的一箭一样，而不是自己。在这件事上你要不断练习——这样的心态非常重要。"

在接下来的几个月中，我经历了这一生中最艰难的训练，虽然这对我来说不那么容易接受，但我逐渐意识到，我应该无比感谢这段经历。它抚平了我最后一丝涌动的心绪、对自己的执念。在我射出很好的一箭后，师父问道："你现在明白'它放箭，它命中'是什么意思了吗？"

我回答道："恐怕我什么都不知道了，就连最简单的事也让我觉得困惑。是我拉开了弓，还是弓拉着我达到了张力的顶点？是我命中了目标，还是目标命中了我？用肉眼看，'它'是意念的；用心眼看，'它'又是具象的——二者皆是或皆不是？弓、箭、目标和我，这一切纠缠在一起。因为一旦把弓握在手里开始射箭，一切都那么清楚明白，简单得不可思议……"

师父打断我说："现在，那根弓弦终于穿过你了。"

弓道自在人心

五年的时间转瞬即逝,师父建议我们进行一场考试。他解释说:"这场考试不仅要展示你们的技术,还要在更高的层面上评价你们射箭时的精神状态,以及那些最不起眼的细节。我希望你们不要因为在场的观众而扰乱了心绪,而是要全神贯注地进行仪式,一如往常,就像只有我们自己在场一样。"

在之后的几周里,我们并没有为那场考

试准备什么，师父也再没提过一句话，一堂课还是在只射了几箭后就停了下来。取而代之的是，我们被布置了一个任务，就是在家里结合步伐和姿势练习仪式，最重要的还是呼吸和专注力。

我们按照师父嘱咐的方式进行练习，结果发现我们刚适应没有弓和箭的仪式，就已经可以在几步内感受到非比寻常的专注，我们越是想通过稍微放松身体来集中精神，这种感受就愈发强烈。在之后的课堂上，我们再次拿起弓箭，在家中练习的成果竟十分显著，我们毫不费力地进入了"当下的正念"。我们对自己有十足的把握，认为能在考试当天以平常心面对到场的观众。我们就这样通过了考试，师父无须挂着尴尬的微笑，以求得观众的耐心，我们当场就拿到了写着我们各自熟练程度的结业证书。师父身着庄重的服装，以大师之风射出两箭，为整场考试收尾。几天后，我的妻子也在一场公开的考试中被授予"花道师"的头衔。

从那以后，课堂就换了新的形式。射箭练习仅需寥寥几次即可，师父会根据我们的学习程度，结合弓道来进行阐释。虽然他的讲解总是充满神秘的意象和晦涩的类比，但仅凭这有限的引导，我们也能领会其中的含义。若想要弓道圆满，就一定要追寻"无艺之艺"的境界。这也是他花费最多时间、讲解得最详细的内容。他说："谁能用龟毛兔角[1]射箭，且不用弓（角）和箭（毛）就能射中靶心，谁就是最高意义上的大师，是'无艺

[1] 龟毛兔角：出自《楞严经·卷一》："汝不著者为在？为无？无则同于龟毛兔角。"龟没有毛，兔没有角，仅有其名而无其实。佛典常用以比喻空理。

之艺'的大师，他本身就是'无艺之艺'，集大师和非大师于一身。因此，弓道就成了一种不动之运动、一种不舞之舞蹈，也就进入了禅的境界。"

我问师父："回到家乡以后，没有了您的

《潇湘八景之远浦归帆》（局部），[南宋]牧溪绘

指导，我该如何精进？"他回答："我安排的考试已经给你答案了。以你现在达到的程度，老师和学生不再是两个人，他们的角色已经合二为一了。你可以随时离开我。即便我们之间相隔千山万水，每当你练习所学的东西时，我永远都在。我不会要求你保持规律的练习，一天都不可荒废；或者在没有弓箭的情况下，也要行仪式，至少也要练习呼吸法。我不需要做这些要求，因为我知道，弓道已经深植于你的心中。请你不要给我写信，偶尔寄给我一些照片就好，在照片里我能看到你如何拉弓，这样我就能了解所有我想要知道的事了。"

"我必须提醒你一件事，在这几年的修炼中你已经成为新的自己。这就是射箭艺术带来的影响：这是射手在内心深处与自我的一场博弈。你到目前为止可能还没有意识到这点，但是当你再次遇到故乡的亲朋时，必定会感受到一切都与从前不同了。你看待事物的方式、衡量事物的标准都会发生变化。我也经历过这种改变，每一个被这种艺术的精神触动过的人都一样。"临别之际，师父将他最好的一张弓送给了我。

"当你用这张弓射箭时，就会感受到师父的精神与你同在。不要让好奇的人触碰它！如果它旧了，不要留着它当作纪念，烧掉它，除了灰烬什么都不要留下！"

禅与剑道

讲到这里，我担心很多读者会产生疑虑：自从射箭不再应用于人与人之间的对抗后，它就被一种不甚健康的形式神化了，并且作为一种被过度赞誉的精神价值存续着。我实在不能怪人们有这样的想法。

我必须再次强调，禅对日本艺术的影响早已有之，因此射箭艺术从根本上也受到了禅学的熏陶，在过去的几个世纪都是如此。

事实上，在早已远去的时代里，那些身经百战的箭术大师对于弓道本质的见解与当代大师并无二致，因为弓道的精神依然延续着。虽然几百年过去了，但是这门艺术的灵魂未曾改变过——一如永恒的禅一样。

为了解答依然可能存在的、从我个人经验来看也是可以理解的困惑，我想要以另外一门艺术——剑术作为例子，给读者提供一个类比的视角。我之所以最先想到剑术，不仅因为它在今天的格斗中仍占有毋庸置疑的地位，还因为阿波师父本人也是精通"灵魂"舞剑的大师，他有时也会讲述弓道大师与剑道大师之间的相通之处，更重要的原因是，有一部流传已久的重要文献。在武士道最鼎盛的时期，剑术大师必须在生死一线证明自己的技艺。伟大的泽庵禅师[1]在他的书信——《不动智神妙录》中详细阐释了禅与剑道艺术的关系，以及剑术实战的内容。我不知道这是不是唯一一篇如此全面、透彻讲述剑道的文章，讲述弓道的著作我就更加知之甚少。无论如何，泽庵禅师的论述得以保留至今已是万幸，这要归功于铃木大拙[2]，是他把这封写给剑术大师的信未作删改地翻译出来，让更多读者看到。在我的整理和总结中，我将尽可能简明扼要地解释几个世纪前人们对剑术精神的理解，以及大师们对剑术的普遍共识。

基于剑术大师们的教学经验，无论是从他们自己还是学生的身上都能证实一个事实，那就是初学者即便天性就强壮好斗、勇敢无

[1]泽庵禅师：指泽庵宗彭，日本江户时代前期临济宗禅僧、大德寺住持。

[2]铃木大拙：见《禅与日本文化》第82页等。——原注

畏，一旦开始练习就会失去公允的觉知和自信。因为在练习中他了解了剑术在技术上能够威胁生命的所有可能，虽然他还是能很快集中注意力，敏锐地观察对手，娴熟地抵挡进攻，并做出有效反击，但实际上他的技术要逊色于之前，在训练之前他可以凭着一时的兴奋和对战的激情，半开玩笑地随意出剑。但他现在不得不接受一个事实，那就是他将暴露于更强壮、更机敏、更训练有素的敌人的无情的剑下。

　　除了不知疲倦地训练，他别无他法，即便是师父也暂时无法给他任何建议。学生只能孤注一掷，以求赢过别人，胜过自己。他学到了精湛的技术，拾回了一些失去的信心，他觉得自己离追求的目标越来越近。但师父并不这么认为——按照泽庵禅师的说法，所有的技术只会将学生引入"心被剑所夺"的境地。

然而，入门的课程也只能采用这样的方式，这是最适合初学者的。但这样的方式无法抵达目标，师父深谙这一点。尽管学生有热情，或许也有学剑的天赋，但未必能成为剑术大师。然而，那些早就学会控制激烈对抗时产生的冲动的人能够冷静处之：审慎地分配体力，以应对长时间的作战，就算放眼望去也找不到旗鼓相当的对手，按照最终极的标准来衡量，他们还是不够格，还是没能突破瓶颈。

按照泽庵禅师的说法，学生是没有办法忽视对手以及对手挥剑的方式的，因为他会思考怎样才能最有效地击败对方，等待对方露出破绽。简言之，他调动的是所有的技术和学到的知识。泽庵禅师认为，这样一来，他的出击就丧失了"当下的觉知"：面对重要一击时永远都晚一步，也就没有机会用对手的剑"反戈一击"。他越是通过思考来发挥剑的优势，越是有意识地利用自己的技巧，依赖对战经验和战术策略，就越是阻滞了"心"的自由迅捷。如何纠正这种状态呢？怎样才能将技巧"内化"，将技术主导的思维转化为炉火纯青的剑法？答案就是学生必须放下目的，放下自我。他不仅要忘掉对手，还要忘掉自己。他必须跨越现在所处的阶段，冒着功亏一篑的风险，永远地将其置于身后。这听起来不就像箭术要求人们不瞄准就射箭，不用眼睛看就击中目标一样不合常理吗？然而，泽庵禅师所描述的剑术真谛已经在千百次的实战中得到了证明。

师父的职责不仅是指明道路，还要让学生结合各自的特质摸索出通往终极目标的法门。师父首先要训练学生的就是凭本能躲避攻击，即便是突如其来的攻击。铃木大拙曾描述过一个有趣的逸事，讲的是一位师父为了完成这项不易的任务而自创的方法：

一个年轻人想要学习剑道，寻访到一位隐居草庵的前辈，再三请求拜其为师。前辈收下了他，但是每日只让他做些挑水劈柴、烧火煮饭、洒扫禅房庭院之类的日常家务，并没有正式传授他什么剑法。日子一天天过去,年轻的弟子逐渐心生不满,他觉得自己为学习剑道而来,却一直做着杂役的苦差。于是,他向师父表达了自己的疑问,并再次请教剑道。师父答道:"好,我便教你。"当弟子在煮早饭时,师父会突然出现在他身后拿木棍敲打他。在洒扫庭院

《水墨山水册》(局部),[清]龚贤绘

时，木棍也会在某一时刻、某一方向突然出现。

弟子再也无法安心地做任何事情，他必须时刻保持警戒，随时留心四周。如此过了几年，他才能够自如地躲闪木棍的袭击。但即使这样，师父对其修行仍不满意。一天，弟子看到师父正在灶前煮饭，突然觉得这是一个好机会，他拿起一根木棍，向师父头上打去，师父却似浑然不觉，弯腰面向锅灶搅拌着食物，谁知弟子的棍棒在最后一刻被他用锅盖突然接住。这时弟子才顿悟剑道的精髓，才真正体悟到师父的慈悲。

学生似乎必须掌握一种新的感官，更准

确地说，是能让所有感官都保持警觉的能力，以此来应对危险的进攻，如同早有预判。一旦掌握了闪避的技能，他就不再需要一直关注对手的动作，即使一次面对多个对手也不在话下。当他看到或是预判了将要发生的事，当即就要做出躲避的反应，感知与躲闪之间"危在顷刻"。关键就在于：这种闪电般直接的反应力完全不需要有意识地观察。这样，学生至少在这方面超脱于刻意的目的，能做到这一点就已十分难得。

然而最难的，同时也是对成果起决定性作用的任务是：让学生停止思考如何才能最有效地击败对手。他甚至应该彻底忘记对手的存在，也忘记自己所做之事攸关生死。

最初，学生对这些教导的理解只是：不

去观察和思考对手的行为就够了，除此以外也没有其他的领悟。他认真地践行着不观察不思考的戒律，时时克己。但是他没有意识到，专注于自己的同时，他无法把自己看作战斗中的剑客，只是小心翼翼地避免关注对手。无论他怎么想，他终归还是在暗中观察着。他只是在表面上超脱于对手，但实际上是将自己与对方更加紧密地捆绑在了一起。

这种注意力的转移从根本上来说毫无效果，要让学生意识到这个问题需要花费大量的技巧和精神上的引导。他必须学会坚定地无视对手，也无视自己，彻底地做到心无一物。就像射箭一样，这个过程需要大量的耐心和长时间的练习，当然也有不少徒劳的付出。但是当这些练习达成目标时，最后的一丝自我关注也会在无我的状态中烟消云散。

在超脱和无所求的状态下会产生一种与前一阶段已经掌握的直觉性躲避极其相似的行为。就像出击与躲避之间刻不容缓一样，闪避与反击之间也容不得片刻犹疑。在躲避的一瞬间，战斗者已经拔剑，在一闪之间，发出精准且笃定的致命一击。剑好像是自己在挥舞，在射箭中会这样表达：是"它"瞄准并射中了目标，因此在这里是"它"取代了我，发挥着我通过有意识的努力而习得的能力和技巧。"它"只是一个代名词，指的是那些人们既不理解也求而不得的东西，只有亲身经历过的人才可以见到它的真身。[1]

按照泽庵禅师的说法，完满的剑道艺术是心中不再有你我的分别，没有对手和他的

[1] 我推荐海因里希·冯·克莱斯特的《论木偶戏》，以此书作为对照。虽然出发点不同，但是谈及的主题与本文非常相似。
——原注

剑，没有自己的剑和挥剑的意识，就连生死也不再挂怀。"万物皆空，你自己、拔出的剑和挥剑的手臂，就连放空的念头也是空。"泽庵禅师说，"从这绝对的虚空中展现了最玄妙的作为。"

适用于弓道和剑术的，同样也可应用于其他的艺术。为了证明这一点，需要引入另一个例子：要精通水墨画，就必须先练出能够游刃有余地画出心中构想的手上技术。所谓"得心，应手"，就是没有丝毫阻滞地将浮现在脑海中的画面落在纸上。如此一来，绘画就成为自发的书写。那么对于画家的指导或许就是这样的：观察十年竹子，将自己变成竹子，然后忘掉一切，开始作画。

剑术大师和初学者一样，没有任何桎梏。

在刚开始训练时极力克服的漫不经心，到最后将变成坚不可摧的韧性。与初学者不同的是，大师更加克制、从容、谦逊，绝无炫耀的欲望。从学生到大师，这中间要跨越的是经年累月的艰辛修炼。在禅的影响下，技巧被内化为精神，修行者在内心与自我的博弈中变得越发自如，乃至脱胎换骨。被赋予了"灵魂"的剑，不到万不得已的情况下不再轻易出鞘。因此，他会免于与不值得一战的人交手，当他遇到凭着一身蛮力卖弄炫耀的人，即使被对方讽刺为懦夫，他也可一笑置之；反之，当他遇到尊敬的对手时，即使结局是光荣之死，他也要为之一战。这便是剑客的品格，即被称为无与伦比的"武士之路"的武士道。对于剑术大师来说，他所追寻的——直指向他的那把"真理之剑"高于一切，高于名誉、胜利乃至生命。

与初学者一样，剑术大师也是无所畏惧的，但与初学者不同的是，他的恐惧之心会

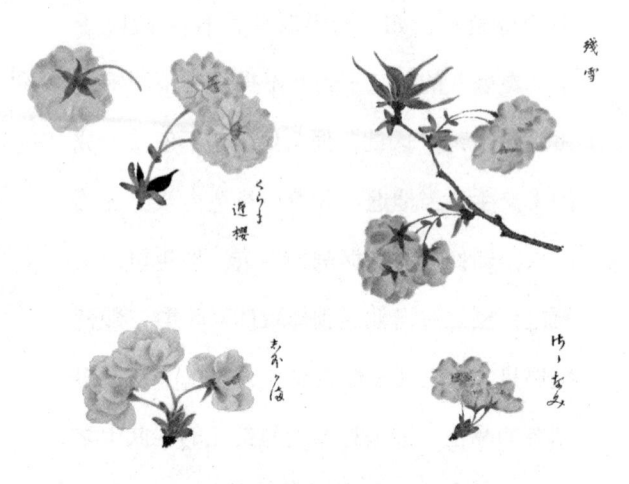

《浴恩春秋两园樱花谱图卷》，[日本]佚名绘

一天天消失。多年来不间断的冥想让他明白，生与死在根本上是一样的，它们都是宿命的一环。从此，他对生没有忧怖，对死没有畏惧。他在这世上活得恣意，但同时也做好了随时离开的准备，且不被死亡的念头所困，这在禅中正是极有代表性的特征。武士选择纤弱的樱花作为武士道精神的象征绝非偶然。樱花花瓣在清晨的阳光中飘落，以绚丽之姿落在地面，无畏之人也必将超脱于生死，寂然无声，心自岿然。

摆脱对死亡的恐惧并不是人在顺风顺水时的假想，自以为面对死亡时不会怯懦。超脱于生死的人不会有任何恐惧，他无法体会恐惧的感受。没有了解过严谨、持续的冥想之力的人，无法衡量它能带来多大的征服自我的力量。得道的大师无论走到哪里都会流露出他的无畏,这不是通过他的语言,而是他的行为:人们光是看到他就会被触动。无惧无畏是无上的成就,只有极少数人能够修炼成功。这里我要引用成书于18世纪中期的《叶隐闻书》里的原文来说明这一点。

> 柳生但马守[1]是一位伟大的剑术大师,也是德川幕府将军德川家光[2]的剑术师父。一天,将军的一个贴身侍卫来找柳生,请求他教授剑术。大师说:"根据我的观察,您已经是一名杰出的剑客了。那么在我们建立师徒关系之前请告诉我,您是哪个门派的?"
>
> 那位侍卫说:"我很羞愧,但是坦言

[1] 柳生但马守:柳生宗矩,日本江户时代初期的武将和剑道大师、大和国柳生藩的初代藩主。1629年,他受封从五位下但马守。

[2] 德川家光:江户幕府第三代大将军。

讲,我从未学过剑术。"

"您想要骗我吗?我是将军的老师,我绝对不会看走眼。"

"我无意冒犯您的荣誉,但是我确实从未学习过剑术。"如此坚决的否认让剑术大师陷入了沉思,最终他说道:"如果您这样说,那事实必定就是如此。但我肯定,您在其他领域一定是位大师,虽然我不知道那究竟是什么。"

"是的,若您坚持要问,我便告诉您,在一件事上我是真真切切的大师。当我还是孩子的时候就有一个想法,作为武士,无论在什么情况下都不应该恐惧死亡,自那以后的几年里,关于死亡的问题一直萦绕在我的脑海中,现在,这个问题已经不能让我烦忧了。这也许就是您所指的事吧。"

"果然如此,"但马守喊道,"这正是我所指的。我很高兴,我的判断没有出错。事实上,剑术的终极奥义就在于超脱死亡。我已经遵循这个目标教授了上百名学生,但是至今为止还没有一个能达到剑术的至高境界。而您不需要什么技术上的训练就已经是一位大师了。"

自古以来,学习剑术的道场都被称为"启蒙之地"。

每一位以禅学作为根基的艺术大师,都像是从包罗万象的真理之云中射出的一道闪电。真理就存在于来去自如的精神中,在那里他与"它"相会,那是他最原初的、无名的本质。他一次又一次地触碰到自己的本质,而这本质有极多的可能性,真理通过他,通过其他的人,展现出万千种形态。虽然他已经耐心且谦卑地接受了难以想象的训练,但是还没有抵达那个境界,那就是让生活彻底地浸润在禅的气息和光辉中,让每一刻都美好的状态。因为对他而言,终极的自由还没有成为他最深切的需要。

当他受到不可抗拒的感召,要到达那个终点的时候,就必须重新踏上通往"无艺之艺"的道路。他要有跃身进入本源的勇气,以真理为信仰,完全与其合二为一。他还要回归到学徒,再次成为初学者,走完他选择的最后一段陡峭的道路,经历新的转变。当他经受住了这场冒险的考验，也就完成了他的天命，直面完美无瑕的真理，真理之真理，一切本源的无形之源，还有包含一切的虚空，他被虚空吞没，又从虚空中重获新生。

附录

禅心与箭术

禅与日本表演艺术

演员不会通过高昂甚至时常是空洞的激情来表演,也没有大幅度的动作,他们采用的是一种含蓄的表演形式——这被称为"无声""内在"的艺术,意思是即使沉浸在角色的情绪中也不会忘记自我,从始至终都维持一种完美的状态。观众不仅能看到隐晦的、藏而不露的动作,还能解读出它与感觉、情绪之间的联系,演员的水准如何都是从细节处体现出来的。简短的言语、头部的倾斜、手的移动，或许只是一根手指就足矣，其意义要比话语更加深长。

日本表演的内核（能剧[1]以及歌舞伎）不在于台词，而在于沉默——由此可见它与佛教的渊源之深，这也意味着表演只能暗示其中的内容，且不可解释。在一些剧目中，演员甚至是一言不发的，但是这样简约的表演却能长时间地吸引观众的注意力，因此人们称其为"凝固的舞蹈""无舞之舞"。

和欧洲戏剧一样，日本的表演艺术也不适合用来阅读，尽管在文本中已经可以显现出它的美感、光芒和深刻，但它的完满终究还是由演员的天赋来实现的，这补充了无法通过台词表达的、不能借助语言力量呈现的

[1]能剧：日本独有的舞台艺术，是一种佩戴面具演出的古典歌舞剧，是日本的代表性传统艺能之一，与歌舞伎一同在国际上享有知名度。

部分。

演员的脸部几乎完全不动,他们面无表情,目光僵直。这一点并不足为奇。一方面,表演艺术从古至今都有使用面具的传统(在能剧中);另一方面,演员在很大程度上也受到了木偶剧的影响,而木偶剧的表现力就在于简约的动作。如今这已发展成一种令人难以置信的艺术,已经臻于完美。

这也就不难理解,哑剧的传统为什么被如此精心地保护,并且要从幼年时就开始慢慢学习。在现存的已有几百年历史的戏剧编年史中,重点对伟大演员的动作进行了迂腐又详尽的描述。人们认为这就是戏剧评论的作用和意义所在,通过这种方式,演员可以了解到前辈们是如何扮演特定角色的,并且学习到一种不朽的表演形式。在东京，顶级的演员被他的父亲教导道："重要的是不要独创，那是二流演员的事。独创很容易吸引眼球，而好演员追求的反而是不引人注目。"

可以预见，这种理念导致的结果就是：戏剧似乎成为某种"永恒的相下"[1]（sub specie aeternitatis）。每个动作，即使是很不起眼的，都有它的含义，尤其是在能剧中。人们通过细微的差别来区分不同流派——这在西方文化中是完全无法想象的，之所以能做到这一点，是因为这些富有含义的动作已经达到了极致的完美，因此细微的差别也很重要。尽管所有的表演都是制式化的，但并非千篇一律从而沦为普通演员也能使用的套路，这是因为在日本，自然、生活和艺术相

[1]永恒的相下：该表达出自17世纪荷兰哲学家斯宾诺莎的著作《伦理学》，用以表达事物的永恒本质是超越时间和个人的。

互交融，不分彼此。艺术不是脱离和凌驾于自然和生活之上的表象领域，它是自然和生活的完美体现——艺术家们通过精湛的技巧，从自然和生活中解放出来。（射箭和插花艺术也有相似的表达。）演员的艺术对于欧洲人来说恰恰是最难以进入的。不是因为他们不懂这门语言——不然的话这一生也太短暂了——而是因为他们没有发展出东亚人的感受力和鉴赏力。他们虽然能毫不费力地理解欧洲戏剧中最艰深的对话，却看不懂日本戏剧中最简单的情节，不能否认，欧洲文化的核心在于逻各斯[1]（Logos）和言语，而东亚文化则以视觉和直觉为基础。

[1] 逻各斯：古希腊哲学和西方哲学中的重要概念。在哲学中表示支配世界万物的规律或原理。一方面，它代表了语言、演说、交谈、故事、原则等意涵；另一方面，它也代表了理性、思考、计算、关系、因果、类推等。

禅　画

　　禅画有什么特点？首要的是空间。禅画中的空间在各个维度上都不同于欧洲绘画意义上的空间，它不是用来包裹画面主体，使其放置其中或是互相分隔的同质媒介。那些被实物挤占的、僵化的空间，简化成了上、下、左、右、前、后这样直白的位置关系。这样的空间只触及躯体的表面，像外壳一样将它们包围起来，因此，但凡是空白的空间，都毫无意义且乏味。而禅宗画家笔下的空间虽是永恒静止的，却也是运动的，它有生命，可以呼吸。它无形、虚空，但又是万物之源；它无名，却又是万物有名的原因。因为它，事物才有了绝对的价值，它们都同等重要、有意义，都是万物生命的表现形式。因此，在这样的画作中，省略、留白具有深远的意涵。那些隐喻的、未被明言的、缄默的，比说出来的更重要，更雄辩，更能直抵人心。

就像表演艺术一样，在禅画中，你会看到"无舞之舞"赋予一切存在以活力，它贯穿万物，翩然起舞。空间不是一种同质的、空洞的、无限延伸的介质，而是不可想象的存在本身所蕴含的丰富性和无限可能。禅宗画家并不知晓"空白恐惧"[1]（horror

[1] 空白恐惧：古希腊哲学家亚里士多德在《物理学》中提出的思想，他认为"自然界不存在虚空"。在艺术上，这种倾向表现为对空白部分的恐惧，从而导致艺术家填满作品的每个角落，以避免留白。

vacui），对于他们而言，"空"恰恰是最值得尊崇的：它是最有生命力的存在，它如此丰盈，因此无须为了彰显自己而现出形状，也不必在无尽的循环中生出具体的相。空间不是事物的表象，而是内核、根基、最深的本质和存在的原因。禅画道出了"空"的奥妙：它吸引目光，召唤虔诚。所有对画作的欣赏都开始于对空的注视。

在欧洲绘画中，观看者是在画面之外的。他所观看的，就是对面的一个独立的存在，它将观看者的视线带向逐渐缩小、远去的地平线，仿佛观看这一行为本身就是具有创造性的。在这种观看方式下，对面的一切都是他者，在本质上都是陌生的，它进入观看者的意识是因为观看者不在画中，而在画

《松林图》（局部），[日本]长谷川等伯绘

外。但是在中国和日本的绘画中，观看者不是从外部观察他者，而是从内部观察被描绘的对象和其中的细节，观看者必须身临其境、沉浸其中才能有所体会。这不仅使透视关系变得无关紧要，而且还打破了观看者与被观看者之间的界限。空间环绕着观看者，他所在的任何地方都是中心，却又不是中心：他身在其中，与事物的心跳融为一体。同时，

这也意味着环绕和包围他的东西与他是平等的，因为他能感受到，这些东西并不因他或他的意志而存在。它不是他者，而是永恒变化的自我，他与它合二为一，以至于他不再有任何自身的意义，而是在其中湮灭，并在这消亡中与自我、非我相遇：一种事物本质的消亡。

然而，画面中具象的事物——山峦和树林，岩石和溪流，花朵，动物和人——它们诞生于虚空，又显露出现实中的形态，它们沉浸在此时此地的具体情境中，但又不仅仅是此时此地。因此，它们呈现出一种不断湮灭的特点，就好像有形之物又被无形之物所吸收，有形化于无形，从而让人隐约看到其源起之处。

在一些水墨画的教学手册中，凡是画家眼睛能看到的——从最简单的草叶到阔大的风景——都能通过寥寥几笔勾勒出其基本特征，并捕捉到自然赋予它们的生机。这绝不是可以照搬的模板，无论这多么诱人。确切地说，它是风格和笔法的练习，其中揭示了书法与绘画之间的密切联系。如果你能掌握这些练习，从而超越技巧、做到游刃有余、能够感知和表达最细微的差别，那么你就能描绘出第三只眼所看到和所理解的东西。

禅宗绘画延续了一项伟大的传统：在佛教介入中国山水画之前，禅宗绘画的特征就已经形成，至少已经隐约可见。这也许是受道教深刻而隐蔽的影响。当佛教首次从印度传入中国并产生了彻底的革命性影响时，它也经历了被道教缓慢、深层转变的过程。就像中国在历史上吸收和融合了入侵的外来民族一样，它在精神上也吸收了一切初始陌生的东西，然后将其以更加美丽和丰富的形式表达出来。禅宗的确是中国的一朵不可思议的、富有创造力的花朵，甚至可能是最美丽、最神秘的一朵奇葩，因此，禅宗画家能够从佛教之前的绘画中汲取"道"的精神也就不足为奇了。因为老子"道"的思想中包含了许多已成为禅宗基本要素的主题，而"道"的思想也在禅宗中得到了体现。

适用于山水画的同样也适用于来自山水和自然中最微小的细节，适用于寥寥几笔就能勾勒出竹竿、枝叶或花枝之类生动无比的画面。它们同样只能从虚空、无形的空间中被看到和理解。在这里，画与留白之间的比例关系至关重要，我甚至认为，这种独特的空间感受得到了更加令人信服的表达。在这里捕捉存在的静美，并沉溺于无尽的沉思之中，是完全不正确的。任何真正懂得如何"阅读"这幅画的人，都会透过表面的平静感受到存在和消逝、上升与下沉的巨大张力，感受到事物如何不断地在生成与衰退的流动中震荡——瞬息万变，又无可避免。

这些简单而纯粹的画作，描绘的东西虽然微不足道，却蕴含着深厚的禅意，以至观看者也为其折服。在持续数小时的茶道仪式中，休息间隙更换的挂画和鲜花决定了当下的氛围，客人们沉浸在深深的专注之中，从这些画里领悟到无法用言语表达的最深的奥秘，然后带着非凡的内在收获离开茶室——但凡经历过这一切的人都知道这些画作散发出的力量。

禅与生活

尽管学生通过禅悟经历了一场彻底的心灵转变,但他此时很有可能尚未完全融入这种变化。他在精神上是自由的,但是距离那种全面意义上的自由——仅仅依靠真理而生活——还有很长的路要走。因为这个真理——我们可以这样称呼它的话——尚未显现。学生只是朝着真理的方向迈进,他审视一切事物,包括他自己以及他的本质,但他仍然无法看清自己：他还没有与他的本质，即他的"无本之本"合二为一。

每一个经历过悟道的人一旦离开了宁静的禅修室，重新开始从事俗世的职业或某项工作时就会痛苦地意识到：在寺院里虽然也会有种种摩擦，会面对追名逐利之人的嫉妒，会面对不同的水准与等级。但只要有师父存在，这些问题都能调和。因此，主导的氛围还是和谐、宽容的。走出寺庙，生活中的种种事务扑面而来，冲击着那些在此期间变得更加敏感的感官。于是，你再次置身于一个充满目的和意图的世界，关闭的理性再次占据主导地位，开始发挥功用。

即使是艺术家，就算他在自己的特定领域已无所求，也不能免于这种与生活的接触，其他人就更不用说了，就算是普通的教徒也不例外。婚姻将他卷入纷繁的关系中，还要他担负起沉重的义务（尤其是在远东地区）。在寺院中无欲无求的生活一去不复返了，日常生活与禅修生活之间出现了一道鸿沟。即使人们不想走出那个他们必须身处其中的圈子，也不愿扮演社会角色，却仍然要面对那些他们不喜欢的关系。他们不谋求激进的改变，而是耐心等待，深信在这个世界上还有新旧并存的空间：旧的会随着时间的推移而消失，但新的不是突然出现，而是从旧的基础上逐渐发展而来。因此，他们必须为所追求的东西不加批判地、毫无保留地付出。这不是让事物适应自己，而是让自己适应事物，不关注做什么，而关注如何做，努力做到

《山寺问道图》(局部),［明］佚名绘

最好。

在寂静中,他们努力修身养性,严于律己,也宽以待人。他们从细枝末节的小事做起,认真对待,深知只有这样才能战胜更艰巨的挑战。

寺院的教育产生了深远的影响，体现在他们的态度上：不怨天尤人，不寻求改变外在，而是主动改变自身，培养内在的抗逆力。

他们培养了一种敏感的心，对自己保持高度的诚实。这并不会导致自负和自以为是。他们知道，他们之所以在某些方面胜过他人，并不是因为他们自己。他们对命运心存感激，对未来的道路保持谦卑，因此，他们不会夸夸其谈，也不会用言语表达对禅的信仰。在面对冲突时，他们会寻求大师的开示。此外，他们会反复参加冥想练习，以深化和扩展他们的洞察力。每天都进行冥想自不必说。（在人生的任何阶段都不应该放弃冥想练习。并不是说练习只在培训期间发挥作用，然后就可以将其搁置一旁。大师也必须不断重复这一动作：不是为了实现合一，而是为了巩固合一。因此，冥想至关重要。已经取得的一切成就都只是未来成就的前奏，没有人可以说他现在已经抵达了终点，即使是已经圆满的人也不例外。）

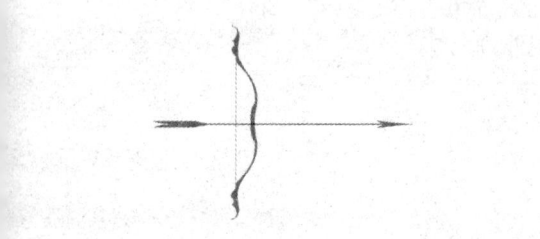